AI 시대 리더의 조건

AI 시대 리더의 조건

초판 1쇄 인쇄일 2025년 9월 16일
초판 1쇄 발행일 2025년 9월 23일

지은이 임승엽
펴낸이 양옥매
디자인 표지혜 송다희
마케팅 송용호
교　정 조준경

펴낸곳 도서출판 책과나무
출판등록 제2012-000376
주소 서울특별시 마포구 방울내로 79 이노빌딩 302호
대표전화 02.372.1537　**팩스** 02.372.1538
이메일 booknamu2007@naver.com
홈페이지 www.booknamu.com
ISBN 979-11-6752-692-2 (03320)

* 저작권법에 의해 보호를 받는 저작물이므로 저자와 출판사의 동의 없이
  내용의 일부를 인용하거나 발췌하는 것을 금합니다.
* 파손된 책은 구입처에서 교환해 드립니다.

AI와 함께 일하는 시대에 성공적으로
조직을 이끄는 리더십의 새로운 기준

AI 시대 리더의 조건
NEW LEADERSHIP IN THE AI ERA

임승엽 지음

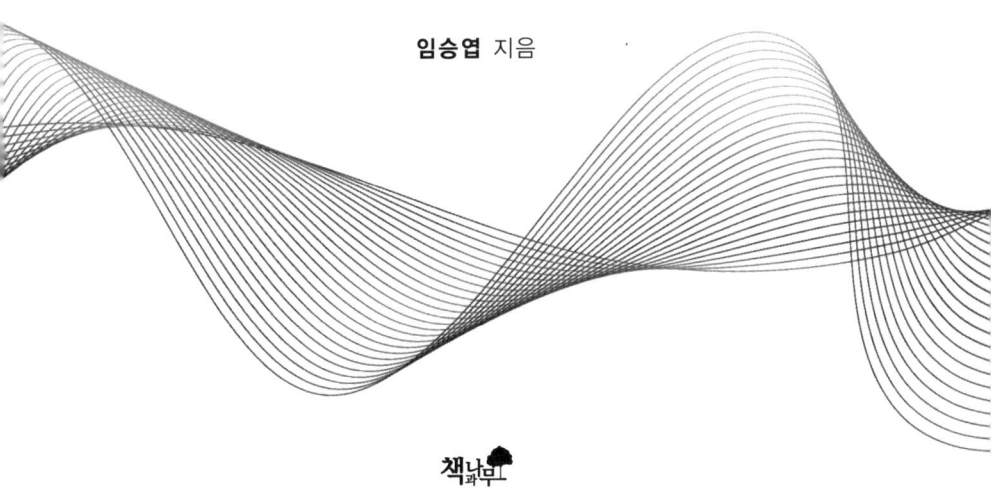

책나무

글을 시작하며

새로운 기술의 등장은 많은 변화를 가져온다. 개인의 일상뿐 아니라 사회 전체에까지 영향을 미친다. 혁신적인 기술의 도입이 있을 때마다 기업의 조직문화와 일하는 방식에도 큰 변화가 있어 왔다. 챗GPT를 필두로 한 '생성형 AI'의 등장은 또 한 번의 엄청난 변화를 가져올 것이다.

기존에는 업무 수행과 문제 해결에 있어서 동료들과 여러 의견을 나누고, 합심해서 일을 해결했다. 그러나 AI가 업무 현장에 일상화된 이후부터는 AI를 활용해 혼자서 일하는 것에 더욱 익숙한 시대가 될 것이다. 이러한 업무 방식의 변화는 조직의 전체 문화와 업무 생산성에도 직접적이고, 다양한 영향을 미칠 것으로 예상된다.

조직을 둘러싼 외부 환경의 변화에 발맞추어 조직도 그에 맞는 대응이 필요하다. 조직의 구조와 업무 처리 방식은 어떻게 바뀌어야 할지, 앞으로 구성원들에게는 어떤 역량을 요구해야 할지 등의 전략적인 준비가 마련되어 있어야 한다. 그리고 이러한 변화 추진은 조직 내 리더가 감당해야 할 몫이다.

AI를 중심으로 일하게 된 새로운 업무 환경 안에서 리더는 어떠한 도전 과제들을 마주하게 될지를 예측해야 한다. 그리고 직면하게 될 문제점들을 극복하기 위해서 어떤 역량을 갖추고 있어야 할지에 대한 선제적인 고민이 필요하다. 그런데 현실은 어떠할까? 리더들은 AI 시대를 맞이할 준비가 되어 있는가? 아래의 질문을 통해 스스로 점검해 보도록 하자.

Q1 AI 기술의 현재 발전 수준과 조직에서 활용 시 주의해야 할 점을 구성원들에게 설명할 수 있는가?

Q2 우리 조직에 AI를 전면 도입했을 때 발생할 수 있는 구체적인 문제점에 대해서 3가지 이상 제시할 수 있는가?

Q3 AI와 함께 성공적으로 일하기 위해서 구성원들이 갖춰야 할 핵심 역량이 무엇인지 이야기할 수 있는가?

Q4 조직을 이끄는 리더로서 AI 시대 속에서도 강력한 조직력을 유지하기 위한 구체적 전략을 수립할 수 있는가?

Q5 구성원으로부터 신뢰받는 리더가 되기 위해서 AI를 활용해 리더십을 개발할 수 있는 아이디어를 가지고 있는가?

위의 다섯 가지 질문에 자신 있게 '그렇다'라고 답변할 수 있는 리더는 아직까지 많지 않을 것이다. AI 시대를 맞이하여 리더들의 학습과 준비가 반드시 필요하다. 그런데 안타깝게도 리더가 문제의식을 가지고 있더라도 딱히 도움을 받을 수 있는 경로가 부족한 실정이다. 시중에 무수히 쏟아져 나오고 있는 AI 관련 학습 자료나 도서들을 살펴보면 크게 2가지 유형으로 구분해 볼 수 있다.

하나는 실무적인 AI 활용 스킬에 관한 것이다. 예를 들면 '10일 안에 챗GPT 정복하기', '챗GPT 활용 능력 향상'과 같은 제목을 가지고 있는 것들이다. 생성형 AI의 세부적인 작동 원리와 업무에 적용하기 위한 구체적 사용 방법을 다룬다. 마치 파워포인트, 엑셀과 같은 OA를 다루는 기술을 학습할 수 있는 콘텐츠와 같다. 이러한 내용은 실무자들에게 큰 도움이 될 수는 있다. 하지만 조직과 구성원들을 이끌어 가야 할 리더들에게는 다소 눈높이가 맞지 않는다는 아쉬움이 남는다.

또 다른 콘텐츠의 유형은 인류의 미래와 인간 사회의 변화 예측 등을 다루는 것이다. AI 기술 도입이 앞으로 우리 인류 문명에 미치게 될 영향에 대해 거시적인 관점으로 바라본 내용을 전달한다. 어쩌면 AI가 인간을 지배할지도 모르는 위험성 등을 경고하는 것과 같이 아주 큰 주제를 다룬다. 흥미로운 내용이지만 당장 내가 이끌고 있는 조직 안에서 일어날 이슈와 대처 방안을 고민해야 하는 리더들에게는 다소 먼 이야기로 느껴질 수 있다.

AI가 우리의 일상과 업무 현장에 빠르게 침투하고 있는 현시점에 리더들에게 필요한 것은 당장 직면하게 될 현실적인 고민과 그에 대한 해답이다.

이 책은 AI 시대 속에서 리더가 구성원을 채용할 때, 팀원에게 업무를 지시할 때, 성과를 평가할 때 겪을 수 있는 현실적 어려움에 대한 이야기를 다룬다. AI와 함께 일하는 상황 속에서 리더가 제대로 된 리더십을 발휘하기 위해 갖춰야 할 역량은 무엇인지 제시한다. 또한 리더가 이끌고 있는 조직이 AI 도입으로 인해서 조직력이 무너지지 않기 위해 꼭 지켜야 할 것은 무엇인지 설명한다.

AI는 아직 사람들의 손길이 닿지 않은 미지의 섬과 같다고 생각한다. 앞으로 우리는 AI라는 미지의 섬에 한 발자국씩 걸어 나가면서 경험하고, 학습하고, 알아 가는 과정을 거쳐야 할 것이다. 리더 역시 우리 조직에 AI를 어떻게 적용시키고, 효과적으로 활용할 수 있을지 깊은 고민을 해야 한다. 이 책이 AI에 대해 탐구하는 리더들에게 나침반과 같은 도구가 될 수 있기를 바란다.

2025년 9월
임승엽

차례

글을 시작하며   4

1부 AI 시대, 리더는 어디에 있는가?

인간 고유의 영역이 사라진다	12
19세기 노동자 vs 21세기 노동자	21
조직의 감시를 벗어난 구성원들	25
우리는 무엇을 믿어야 할까?	30
준비되지 않은 리더십	36

2부 AI 시대, 리더는 어떤 도전을 마주하게 될까?

채용 관리: 누구를 어떻게 뽑아야 할까?	42
육성 관리: 사람을 어떻게 키워야 할까?	55
업무 관리: 어떤 일을 AI에게 맡겨야 할까?	67
성과 관리: 어떻게 평가해야 받아들일까?	81
문화 관리: 앞으로 어떤 조직문화가 필요할까?	93

3부 AI 시대, 리더에게 필요한 역량은 무엇인가?

선택이 아닌 필수가 된 AI 리터러시	104
CLEAR한 업무 지시의 기술	113
성장과 발전을 위한 선물, 피드백	121
호기심의 힘이 AI를 혁신적 도구로	129
합리적 판단을 이끄는 비판적 사고	137

4부 AI 시대, 리더는 어떤 조직을 만들어야 할까?

변화를 기회로 만드는 학습하는 조직	150
공유하는 조직, 집단 지성의 힘을 발휘하라	155
AI 시대 조직문화의 핵심, 심리적 안전감	160
규칙이 있는 조직은 변화 속에서도 흔들리지 않는다	165
유대감과 조직력을 높이는 의도적 만남	174

5부 AI로 리더십을 키울 수 있을까?

채용 파트너: Right People을 찾는 AI 활용법	186
비즈니스 코치: 리더의 고민은 AI 코치와 함께	195
롤플레잉: AI와 함께 리더의 대화 스킬 훈련	204
메시지 에디터: 품격 있는 리더의 언어로 업그레이드	217
심리상담가: 리더의 마음까지 챙겨 주는 AI	222

글을 마치며	230

1부

AI 시대,
리더는 어디에 있는가?

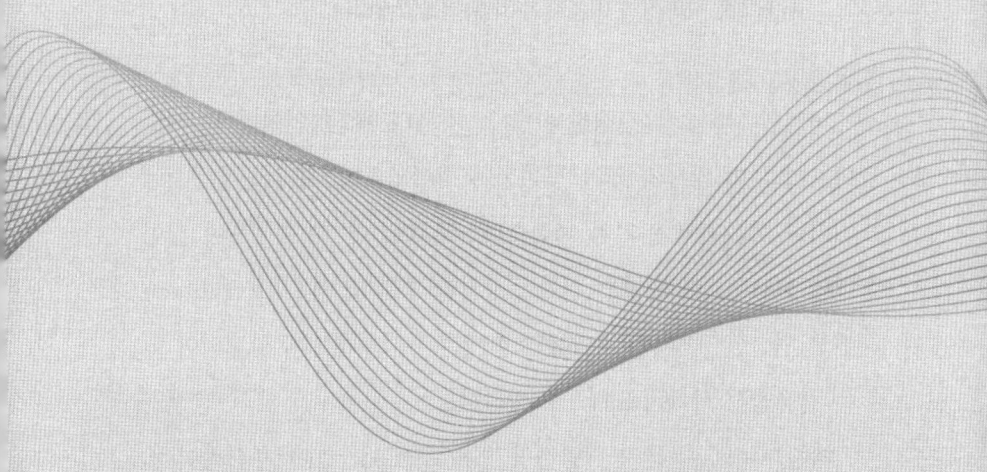

NEW LEADERSHIP IN THE AI ERA

인간 고유의 영역이
사라진다

애플이 처음 겪은 일

"처음으로 사파리의 이용자 수가 줄어들었습니다."

2025년 5월 초에 전해진 한 뉴스 기사의 헤드라인이었다. 어린이날이 얼마 지나지 않아 들려온 소식이었기에 '경기도 용인시에 위치한 동물원의 인기가 예전보다 시들해졌나?', '출생률이 많이 떨어졌다더니 그 영향인 건가?' 생각할 수도 있겠다. 그러나 뉴스에서 언급한 '사파리'는 애플의 아이폰과 아이패드에 탑재되어 있는 검색엔진 '사파리(Safari)'를 말한다.

애플 서비스 부문의 책임자인 '에디 큐(Eddy Cue)' 부사장이 미국 워싱턴DC 연방법원에서 열린 재판에서 증인으로 출석해 AI의 등장으로 지난달 애플의 검색엔진 사파리의 검색량이 서비스 출시

이후 처음으로 감소했다고 밝힌 것이다. 그는 사람들이 새롭게 등장한 AI를 더 많이 사용하게 된 것이 사파리 검색량 감소의 주요 원인으로 생각된다고 언급하였다. 그의 발언 때문인지 구글의 모회사 알파벳 주가는 8% 이상 급락했고, 애플의 주가도 함께 약세를 보였다.

궁금증을 해결하는 방법

어린 시절 우리 집 책꽂이 한 칸에는 백과사전이 자리를 잡고 있었다. 우리 집뿐 아니라 동네 친구들의 집에 종종 놀러 가 보면 집집마다 백과사전이 없는 집이 없었다. 돈 좀 있는 집은 웅장한 느낌의 양장판 브리태니커 백과사전이 진열되어 있기도 했다. 어쩌면 단순 장식용이었는지도 모르겠지만 말이다. 잘 모르는 무언가에 대해서 정보가 필요할 때면 백과사전을 종종 펼쳐 놓고 색인표에서 키워드를 찾아 내용을 살펴보곤 했다.

이런 아날로그적 정보 검색의 방법은 2000년 초반 인터넷 시대가 열리면서 순식간에 전환되었다. '야후', '네이버', '구글'과 같은 검색엔진의 시대가 열린 것이다. 궁금한 게 있을 때 검색엔진에 키워드만 입력하면 순식간에 그와 관련된 다양한 정보들이 홍수처럼 쏟아져 나왔다. 사용자는 모니터 화면에 나열된 수많은 옵션들을 살펴보고 자신의 입맛에 맞는 정보를 고르기만 하면 되었다.

정보 검색의 방법은 '유튜브(Youtube)'가 등장하면서 다시 한번 변화했다. 텍스트보다 동영상에 익숙한 새로운 세대들은 유튜브를 정보 취득의 수단으로 선택한 것이다. 이들에게 효율성은 매우 중요한 가치이다. 검색엔진을 통해 제시된 수많은 글자들을 읽고, 이해한 뒤, 선택하는 과정은 효율성을 추구하는 그들에게 너무나도 길게 느껴진다. 반면 유튜브에서 'How to __(__하는 방법)'이라고 입력해 보자. 동영상을 통해 전달되는 정보는 검색엔진보다 훨씬 직관적이고 이해가 쉽다. 심지어 1분도 되지 않는 숏츠(shorts) 형태로도 정보가 전달되기도 한다.

'챗GPT'와 같은 생성형 AI의 등장은 정보 검색의 패러다임을 또 한 번 변화시키고 있다. 마치 세상의 모든 지식과 정보를 알고 있는 절대적 존재와 대화를 나누는 느낌이다. 무엇이든 물어보면 친절하고 풍성하게 답변해 준다. 사용자가 간단한 답변을 원한다고 말하면 그 요구에 맞춰 요약해서 정보를 정리해 준다. 그림이 필요하다고 하면 그림을 보여 주고, 동영상이 필요하다고 하면 관련 정보를 확인할 수 있는 영상 링크를 찾아서 가져온다. 효율성은 물론이고 사용자 개인 특성에 따른 맞춤화까지 가능케 된 것이다.

이에 따라 검색엔진 서비스를 제공하던 업체들은 경쟁적으로 생성형 AI 기술 개발에 투자하며 자신들의 기존 서비스와 연결하는 다양한 노력과 시도를 하고 있다.

AI는 어디까지 가능하게 될까?

2022년 연말에 '오픈AI'가 LLM(대형언어모델)을 기반으로 한 생성형 AI 서비스 '챗GPT'를 세상에 선보인 후 사람들은 열광했다. 1년 사이에 사용자는 7배 이상, 사용 시간은 8배 이상 성장할 정도로 크게 주목받고 있다. 사람들은 생성형 AI를 정보 검색의 수단으로 가장 많이 사용하고 있다. 실제로 2024년에 과학기술정보통신부가 진행한 '인터넷 이용 실태 조사' 결과를 살펴보면, 생성형 AI를 '정보 검색' 용도로 사용하는 비율이 압도적으로 높은 것을 확인할 수 있다.

AI에 대해 이야기를 나누다 보면 항상 따라오는 이야기 중 하나는 AI로 인해 대체될 직업과 살아남을 직업은 무엇인가에 대한 예

생성형 AI 서비스를 통해 경험한 활동 추이

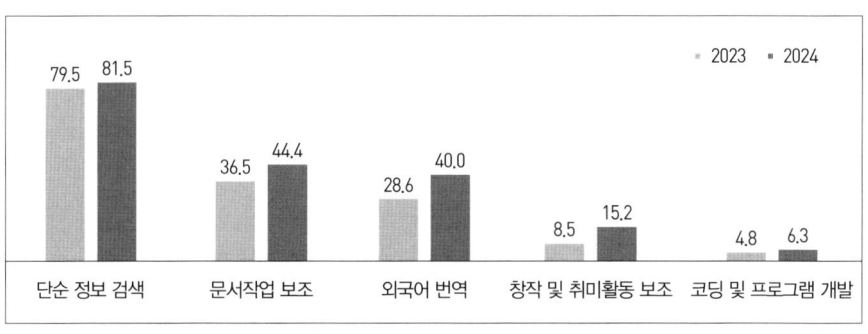

* 생성형 AI 서비스를 통해 경험한 활동. 과학기술정보통신부 제공

측이다. 다양한 의견이 있겠지만 일반적으로 프로그래머, 회계사, 법률가 등과 같이 뛰어난 논리적 사고가 요구되거나, 복잡하고 많은 데이터를 분석하는 유형의 직업이 AI로부터 위협받을 가능성이 높다는 예측이 많다.

반대로 AI가 등장해도 대체되지 않을 것이라고 예측하는 직업으로는 예술가, 상담가 등이 자주 언급된다. 이러한 직업에는 인간만이 발휘할 수 있는 고유한 것, 예를 들면 창의성과 감수성과 같은 것들이 요구된다고 여겨지기 때문이다. 과연 실제로 그럴까? 위에서 소개한 조사 결과를 자세히 살펴보면 아직 비중은 작지만 AI를 활용한 '창작' 활동도 크게 증가하고 있음을 알 수 있다. 우리는 이 작은 영역에 집중해야 한다.

거장이 분노한 이유

2025년 3월 말 오픈AI의 CEO '샘 올트먼'은 자신들의 GPU(그래픽처리장치)가 녹아내리고 있다며, 챗GPT를 활용한 이미지 생성을 제발 멈춰 달라고 호소하였다. 전 세계에서 지브리스튜디오 스타일의 그림 만들기가 유행으로 번졌기 때문이다. 오픈AI가 챗GPT-4에서 새롭게 선보인 이미지 생성 AI 모델은 사람들의 이목을 단숨에 사로잡았다. 사람들의 카카오톡 프로필 사진 대부분이 일본 애니메이션의 거장, '미야자키 하야오' 감독의 화풍이 담긴 그림으로 도배되기 시작했다.

우리 가족 역시 마찬가지였다. 나는 아들 사진 한 장을 챗GPT에게 건네며 지브리 스타일로 그려 달라고 요청했고, 챗GPT는 빠르게 작품을 완성해 줬다. 이어서 아내, 부모님, 친구들과 찍은 여러 사진들도 챗GPT에게 맡겼고, 챗GPT가 만들어 준 멋진 결과물들을 가족과 친구들에게 주고받으며 즐겼다.

그렇게 며칠을 '지브리 스타일로 만들어 줘.'라는 프롬프트를 입력하며 시간을 보내다가 불현듯 호기심이 생겼다. 챗GPT의 이미지 생성 기능이 어디까지 가능할지 알아보고 싶어서 약간 무리한 요구를 해 보기로 한 것이다. 일단 얼마 전 일본에 여행을 갔을 때 가족과 함께 찍었던 사진을 챗GPT에 올리며 한꺼번에 요청했다.

"이 사진을 〈슬램덩크〉 스타일로 만들어 줘."
"이 사진을 〈명탐정 코난〉 스타일로 만들어 줘."
"이 사진을 〈짱구는 못 말려〉 스타일로 만들어 줘."
"이 사진을 〈드래곤볼〉 스타일로 만들어 줘."
"이 사진을 〈귀멸의 칼날〉 스타일로 만들어 줘."
"이 사진을 〈겨울왕국〉 스타일로 만들어 줘."

프롬프트를 입력하고 잠깐의 시간이 지난 뒤 큰 충격에 빠졌다. 마치 슬램덩크의 작가 '이노우에 다케히코' 선생이 그린 듯, 드래곤볼의 작가 '토리야마 아키라' 선생이 그린 듯한 그림이 순식간에 나타난 것이다. 6개의 만화 작품 속 한 장면을 그대로 가져왔다고 해도 될 정도의 이미지가 눈 깜빡하는 순간에 만들어졌다.

창의성만큼은 인간 고유의 영역이라고 믿어 왔던 생각이 완전하게 뒤집히는 순간이었다. 만약 내가 문화예술 분야에서 종사하고 있었다면 충격을 넘어서 AI로 인해 나의 직업이 완전히 대체될지도 모른다는 불안감에 시달리지 않았을까? 챗GPT를 이용한 지브리 스타일 그림 만들기 열풍과 관련하여 거장 '미야자키 하야오' 감독이 역겹고 모욕적이라며 극심하게 분노했던 이유를 조금은 알 것 같았다.

챗GPT의 이미지 생성 기능을 확인하기 위한 시도

아내가 들려준 노래의 정체

까톡! 스마트폰에서 알림음이 울렸다. AI가 만들어 준 6개의 작품, 아니 지브리 스타일까지 합하면 총 7개의 작품을 마주한 충격으로 아직 어안이 벙벙한 상황 속에 아내로부터 흥미로운 메시지 하나를 받았다.

아내   지금 보낸 노래 한번 들어 봐. 어때?

아내가 보내 준 노래는 서정적인 발라드곡이었다. 풍부한 현악기 중심의 연주를 배경으로 호소력 짙은 여성 보컬의 목소리로 전달하는 가사가 아주 인상적이었다.

나   좋은데? 가사도 인상적이고! 처음 듣는 것 같은데 무슨 노래야?
아내   내가 오늘 만든 거야!

대학원을 다니고 있는 아내가 수업 시간에 AI를 활용해 노래를 만든 것이라고 한다. AI의 도움을 받아 자신의 요즘 마음 상태를 담은 가사 쓰기, 가사에 어울리는 멜로디 만들기, 멜로디를 더욱 풍성하게 해 줄 악기의 선택과 연주, 그리고 노래를 부르는 보컬까지 작업했다고 한다. 참고로 나의 아내는 음악 전공이 아니며, 평소에 작곡에 대해 공부하거나 관심을 가져 본 적은 전혀 없었다. 음악에 대해 문외한인 사람이 멋진 발라드 한 곡을 만들어 내는 데 겨우 1~2시간이 채 걸리지 않은 것이다.

AI로의 대전환을 고민해야 할 시간

많은 기업과 각국의 정부들이 AI 기술 발전을 위해 앞다투어 투자를 늘려 가고 있다. AI가 앞으로도 지속적인 발전을 이어 간다면 우리의 미래는 어떻게 변화할까? 과연 인간 고유의 영역이라고 자신 있게 말할 수 있는 것들이 얼마나 남아 있을지 의문이다.

AI는 이미 우리의 생활 곳곳에 빠르고 깊숙하게 침투하기 시작했다. 가정과 일터에서 AI의 도움을 받는 일은 폭발적으로 증가할 것이다. 나는 오랜 기간 동안 기업 내 리더십과 조직문화 개발에 대해 관심을 가지고 커리어를 이어 왔다. AI의 등장으로 앞으로 기업의 조직문화와 리더십에는 어떤 변화가 생기게 될지 생각해 보고자 한다.

AI와 함께 일하는 근무 환경에 적응하기 위해서 기업의 리더는 어떠한 역량을 갖춰야 할까? 또한 변화된 조건 속에서 어떻게 조직과 구성원들을 이끌며 성과를 만들어 가야 할지 구체적인 방법들을 찾아가 보도록 하자.

19세기 노동자 vs
21세기 노동자

숙련공들의 분노

추운 겨울밤이었다. 정체불명의 한 무리가 불이 꺼진 어두컴컴한 공장에 몰래 잠입했다. 그들은 다소 흥분되어 보였다. 손에는 망치, 몽둥이와 같은 둔기가 들려 있었다. 잠깐의 침묵이 흐른 뒤 그들은 공장에 있는 기계들을 마구 때려 부수기 시작했다. 이들의 공장 습격은 한동안 계속 이어졌다. 점차 조직적으로 움직였고, 피해를 입은 공장도 점점 늘어났다. 그들은 기계를 부순 후에 항상 동일한 메시지를 남겼다.

"우리는 기계를 부수려는 것이 아니다. 우리의 생계를 지키려는 것이다."

이 사건은 지금으로부터 약 200년 전 영국에서 있었던 '러다이트 (Luddite) 운동'이다. 공장을 습격한 무리는 그 공장에서 일했던 근로자들이었다. 그들은 공장에서 수작업으로 천을 짜던 직조 숙련공들이었다. 방직기술이 발달하고, 직조공장에 자동 직조기가 들어오자 숙련공들은 빠르게 일자리를 잃기 시작했다.

더 이상 그들의 수작업이 없이도 옷감을 쉽게 만들어 낼 수 있게 되었다. 심지어 더 저렴한 노동력으로 더 많은 양을 생산할 수 있게 되었다. 그들은 새롭게 등장한 기계 때문에 생계를 위협받는다고 생각했다. 급기야 무리를 지어 기계를 부수며 폭동을 일으켰다. 19세기의 노동자들은 새로운 기술의 등장에 저항했다.

새로운 기술에 대한 양가감정

새로운 기술의 등장은 산업의 패러다임을 통째로 바꿔 버리기도 한다. 18세기 후반 '제임스 와트'의 증기기관 기술은 기계화 시대의 문을 열었다. '헨리 포드'는 컨베이어 벨트 시스템을 공정에 도입해 제품 생산에 걸리는 시간을 대폭 줄이면서 생산성 혁명을 이끌었다. 인터넷이 등장하면서는 전 세계가 연결되어 공간의 제약을 뛰어넘는 디지털 혁명을 이루었다.

심리학에 '양가감정(兩價感情)'이라는 말이 있다. 대립되는 두 감정이 함께 공존하는 상태를 의미한다. 우리는 어떤 사건에 대해 긍정적인 것과 부정적인 것을 함께 떠올린다. 예를 들어 보자. 출산을 하게 되면 새 생명을 맞이하며 벅찬 감동을 느낌과 동시에 무거운 책임감도 함께 찾아온다. 마치 동전의 양면과도 같은 것이다. 좋은 게 있으면 그것에 대한 반대급부도 항상 따라온다. 혁신적인 기술의 등장도 마찬가지다. 새로운 기술에 대해서 사람들은 기대와 함께 불안도 느낀다.

19세기 영국의 노동자들은 새로운 방직기술의 등장으로 극심한 불안을 느꼈을 것이다. 심지어 실제로 일자리까지 잃었고 그 불안은 현실이 되었다. 기술의 진보가 가져다줄 편익은 가려진 채 손실만 보이기 시작했을 것이다. 본래 사람은 얻는 것보다 잃는 것에 더 예민하다. 행동경제학에서 이러한 특징을 '손실회피성향'이라고도 설명한다.

그런데 기술 등장으로 잃어버릴 것에 대한 불안감은 직조공장의 숙련공들에게만 해당하는 것이 아니다. 혁신을 이끄는 기술이 등장할 때마다 사람들은 앞으로 신기술에 대체될 직업이 무엇인지 예측해 본다. 나의 일자리는 온전할 것인지, 내가 지금까지 쌓아온 지식과 익힌 기술은 여전히 유효할지를 궁금해한다.

AI를 마주하고 있는 현재도 마찬가지다. AI가 대신할 수 있는 작업들을 나열하며 향후 몇 년 안에 사라질 직업들의 리스트가 여기저기 돌아다니고 있다. 21세기의 노동자들은 AI라는 새로운 기술을 어떻게 받아들일까? 19세기 노동자들이 그랬던 것처럼 우리도 AI에 맞서 새로운 러다이트 운동이라도 벌이게 되는 걸까?

21세기 노동자들의 적극적 선택

기계를 부숴 버렸던 19세기 노동자들과 달리, 오늘날 우리는 누구보다 빠르게 AI 기술을 수용하고 있다. 아마도 AI를 한 번도 사용해 보지 않은 사람은 있을지 몰라도, 한 번만 써 본 사람은 없을 것이다.

'챗GPT', '제미나이' 등과 같은 생성형 AI는 업무 속에 빠르게 침투하고 있다. 이를 업무에 활용해 본 사람들은 AI 덕분에 업무에 투입하던 시간과 노력을 평소보다 크게 절감하는 효과를 경험했다고 말한다. 반복적인 문서를 빠르게 정리할 수 있고, 새로운 아이디어를 떠올리기 위해 한참 동안 고민하던 것도 AI에게 도움을 요청하면 단 몇 초 만에 많은 아이디어를 얻을 수 있다.

AI 기술의 등장과 발전에 있어서만큼은 인간의 손실회피성향이 적용되지 않는 듯하다. 언젠가 대체되어 버릴지 모른다는 막연한 불안감보다는 당장 업무 현장에 가져다주는 체감되는 편익이 훨씬 크게 느껴지기 때문일 것이다. 사람들은 AI를 업무의 생산성을 높이기 위한 훌륭한 도구이자 파트너로서 더욱 빠르게 받아들일 것이다.

개별 사용자들이 새롭게 등장한 기술에 어느 때보다 적극적인 태도를 취하는 동안 기업의 상황은 어떠할까? 이제 기업 현장의 모습을 살펴보도록 하자.

조직의 감시를 벗어난
구성원들

웬만해선 그들을 막을 수 없다

2000년 초반에 인기를 끌었던 TV 시트콤의 제목이 아니냐고? 맞다. 그런데 시트콤 이야기를 하려는 것은 아니다. 좀처럼 구성원들을 막을 수 없었던 국내의 한 중견기업 A사 이야기를 소개하고자 한다.

A사는 모빌리티 제품을 제조하여 판매하는 비즈니스를 영위하고 있다. 이들은 기술정보 유출 문제에 대해서 항상 예민하게 생각해 왔다. 시장 내 경쟁력 확보를 위해서는 뛰어난 품질과 원가경쟁력을 높이기 위한 지속적인 기술 혁신이 요구되기 때문이었다. 생성형 AI가 세상에 등장하자 이들은 정보 유출과 보안 문제에 대해서 심각하게 염려하였다. 아예 구성원들에게 사내에서 생성형 AI 활용을 금지한다는 공식적인 업무 가이드까지 제시했다.

과연 A사의 구성원들은 회사의 'AI 사용 금지' 지침을 잘 준수하였을까? 결과는 그렇지 않았다. 구성원들은 점점 보이지 않는 곳에서 AI를 사용하기 시작했다. 공식적으로 금지된 기술임에도 불구하고 회사의 감시망을 피해 갔다. 구성원들은 태블릿 및 스마트폰 등 회사의 통제를 받지 않는 개인 디바이스로 우회 접속하는 전략을 선택했다.

그렇게 개인적으로 몰래 사용하던 구성원들은 시간이 흐르자 점차 당당해져 갔다. 가까운 구성원들끼리 삼삼오오 모여서 각자만의 AI 사용 방법을 공유하기도 했다. 프롬프트 작성 노하우, AI와의 작업 결과물 등을 동료들과 주고받는 단계에까지 이르렀다.

A사 구성원들의 AI 활용 확산 흐름은 경영진도 얼마 지나지 않아 알아차릴 수 있었다. 업무 현장 곳곳에서 숨기지도 않고, 아예 대놓고 AI를 활용하고 있는 구성원들의 모습이 자주 목격된 것이다. 이러한 현상을 지켜보던 경영진은 고심 끝에 새로운 결정을 내렸다.

"어차피 사용할 것이라면, 제대로 써 보자."

업무 현장에서 구성원들이 생성형 AI를 활용하는 것을 완벽하게 막지 못한다면 기왕 쓰는 것 제대로 활용하는 게 더 낫다는 판단을 한 것이다. 회사는 임직원들의 AI 활용 능력을 키우기 위해 전사 차원의 교육 프로그램을 진행하기로 했다. 조직 차원에서 AI를 안전하고 체계적으로 업무에 적용할 수 있도록 새로운 전략을 만들어 가기 시작한 것이다.

어둠 속 사용자들

여전히 많은 기업들이 보안 등을 이유로 사내에서의 AI 도입과 활용을 제한하고 있다. 조직이 AI 활용을 망설이고 있는 동안 구성원들은 회사의 감시망을 벗어날 수 있는 개인 장비를 이용해서라도 업무에 적극적으로 활용하고 있는 실정이다. 이러한 현상을 '섀도 AI(Shadow AI)'라고 한다.

미국의 IT보안 전문업체 '넷스코프(Netskope)'의 연구 조사에 따르면, 기업 내에서 구성원들이 생성형 AI를 사용하는 것의 약 72%가 개인 계정을 통해 이루어지고 있다고 한다. 또한 개인 계정을 통한 AI 사용은 사내 보안 팀 등의 모니터링 체계에서 벗어나 사용 이력이 추적되지 않고 있음을 지적했다.

인공지능 분야의 세계적 권위자인 와튼 스쿨의 '이선 몰릭(Ethan Molick)' 교수도 그의 저서 《듀얼 브레인》에서 섀도 AI 현상에 대해 언급했다. 'JP모건 체이스'와 '애플' 등의 다수 글로벌 기업들이 법적인 문제로 챗GPT 사용을 금지했지만, 직원들은 업무 현장에서 개인 스마트폰을 활용해 AI 앱에 접속하기 시작했다는 것이다. 그는 AI 사용이 금지된 회사에서 우회 사용법을 이용하는 사람들을 상당히 많이 만난 경험이 있다고 이야기했다.

기업들이 생성형 AI 활용을 망설이는 이유는 정보 유출에 대한 우려가 가장 크다. 국내 모기업에서도 관련된 이슈가 있었다. 블룸버그의 보도에 따르면 이 기업의 일부 직원이 내부 소스코드를 챗GPT에 업로드하여 사내의 민감한 정보가 유출된 일이 있었다. 해당 기업은 이를 발견한 뒤 임직원들의 생성형 AI 도구 활용을 금지하는 지침을 내리게 되었다. 사내 디바이스와 네트워크뿐만 아니라 직원들의 개인 디바이스에도 회사와 관련된 정보를 입력하지 말 것을 강력하게 권고했다고 전해졌다.

조직과 구성원 사이의 인식 차이

앞에서 소개한 '이선 몰릭' 교수의 저서 《듀얼브레인》의 일부 내용을 또 한 번 인용하고자 한다. 그는 수많은 혁신과 관련된 연구들이 얻은 결론이라며 다음과 같이 이야기했다.

> "사람은 자유롭게 사용할 수 있는 범용적 도구가 생기면, 그 도구를 활용해 더 쉽게, 더 잘 일할 방법을 스스로 찾아낸다."

새롭게 등장한 도구의 특징을 발 빠르게 이해하고, 이를 활용해 효율성을 높이는 일은 좋다. 그러나 동시에 새로운 도구의 등장으로 발생하는 문제점에 대해서도 주의를 기울이는 균형 감각이 필요하다. 기업들은 잘못된 정보 유출 한 번이 가져올 부정적 타격에 예민할 수밖에 없다. 핵심 기술이 경쟁자에게 넘어갔을 때, 민감한 정보들이 악의를 품은 누군가에게 들어갔을 때 돌아올 후폭풍은 기업의 존립 자체를 흔들 정도가 될 수 있다.

그런데 몇몇 구성원들은 정보 유출 우려에 대해 호들갑 떨지 말라는 주장을 펼치기도 한다. 업무를 진행하면서 생성형 AI에 업로드되는 파편적 정보들은 마치 망망대해와 같은 바다 한가운데에 그저 잉크 몇 방울 떨어뜨리는 정도일 뿐이라는 주변 동료의 이야기를 들어 본 적도 있다.

'바다에 떨어뜨린 잉크 몇 방울은 정말 아무런 일도 일으키지 않을까?'

우리의 기억에 남아 있는 역사 속 굵직한 사건 사고들이 있다. 사고의 재발 방지를 위해 근본적 원인을 찾아 거슬러 올라가 보면 그 첫 출발은 사소한 부주의였던 경우가 많이 있었다. AI가 가져다주는 당장의 편리함 때문에 구성원들은 다소 안일함을 가질 수 있다. 조직은 반복해서 이야기했듯이 보안과 정보 유출 문제에 대해 심각한 우려를 하고 있다. 이 둘 사이에는 큰 간극이 존재한다. 앞으로 펼쳐질 AI 시대에 리더는 조직과 구성원이 가지고 있는 인식 격차를 채워 나가야 할 것이다.

우리는 무엇을 믿어야 할까?

오염된 정보의 바다

2000년대 인터넷 기술의 등장으로 모든 세계가 연결되었다. 시공간의 제약 없이 웹브라우저를 통해서라면 언제든지 우리는 필요한 정보를 접할 수 있게 된 것이다. 주어지는 정보의 양이 어찌나 광대한지 인터넷을 '정보의 바다'라고도 표현했다. 지금은 마이크로소프트가 서비스를 중단했지만 사람들이 한때 가장 많이 사용했던 웹브라우저의 이름은 '익스플로러(Explorer)'였다. 끝없이 펼쳐진 정보의 바다를 자유롭게 탐험하라는 의미를 담은 것이 아니었을까?

인터넷 시대를 거치면서 사람들은 정보의 '양적 폭발'을 경험했다. 그리고 지금부터 펼쳐질 AI 시대에는 정보의 '질적 혼란'이 더해질 것으로 보인다. 생성형 AI가 만들어 내는 정보들 중에는 진실과 다르게 왜곡되었거나, 허위 사실을 담고 있는 것들도 상당수 존재하기 때문이다. 진짜 정보와 가짜 정보가 뒤죽박죽 섞여 있는 상황은 우리의 올바른 선택과 결정에 큰 어려움을 가져오고 있다.

국민 MC가 추천한 급등 정보

어느 날부터인가 유튜브와 인스타그램에 들어가면 재테크 관련 광고 게시물이 자주 보이기 시작했다. 내가 한 가정의 생계를 책임져야 하는 40대 가장이라는 정보를 기반으로 알고리즘이 활성화된 모양이다.

재테크 광고에는 아주 유명한 연예인들과 전문가들이 등장했다. 방송 활동과 연예기획사 경영을 병행하는 '송은이' 님, 왕성하게 대중강연을 하고 있는 스타강사 '김미경' 님 등 익숙한 얼굴들이었다. 심지어 국민 MC '유재석' 님까지 등장하여 투자를 적극 권유하는 광고도 보았다. 그리고 며칠 후, 이들이 기자회견을 자처했다는 뉴스를 접했다. 기자회견의 어젠다는 바로 유명인 사칭 온라인 피싱 범죄 해결 촉구였다.

애초에 이들은 광고 계약을 한 적이 없으며, 해당 광고 자체가 투자금을 유도하여 금품을 갈취하려는 목적의 피싱 범죄였던 것이다. 초상권을 허락한 적이 없고, 아예 카메라 앞에 선 일 자체가 없었지만 광고 영상에서 그들은 신뢰감 주는 미소와 부드러운 어투로 투자 정보를 이야기하고 있었다. 아니 땐 굴뚝에 연기가 난 것이다. 그것도 아주 많이!

바로 AI 기반 딥페이크 기술 때문이었다. 유명인의 얼굴 데이터를 수집하고, 그들의 음성 데이터를 AI가 학습해 감쪽같은 가짜 영상이 나타나게 되었다. 구글, 메타와 같은 거대 플랫폼이 대책을 마련하기도 전에 AI의 악의적인 이용이 퍼져 나갔다. 뒤늦게 피해 방지를 위한 이런저런 대응책을 마련해 가고 있지만 딥페이크 영상 문제는 근본적으로 해결되지 못했고, 지금도 여전히 현재 진행형이다.

덕분에 1년 동안 잘 먹었습니다

AI로 인한 피해 사례는 개인에게만 국한된 문제가 아니다. 기업도 얼마든지 당할 수 있다. 심지어 글로벌 초대형 기업도 말이다. 2025년 미국의 과학 전문 뉴스 채널 '글래스알마낙(Glass Almanac)'은 챗GPT를 활용해 맥도날드에서 무료이용권을 얻어 낸 한 남자의 이야기를 소개했다. 그가 아무런 제지 없이 무료 식사를 즐겼던 기간은 무려 1년이었다!

그는 어떻게 1년 동안 무료 식사를 즐겼을까? 사연의 주인공은 영국 국적의 한 남자이다. 그는 맥도날드에서 식사를 주문한 뒤 종이 영수증을 받았다. 대부분의 사람들은 영수증을 받자마자 휴지

통에 버린다. 나 역시 지금 이 원고를 쓰기 위해서 동네 한 카페에 들렀는데, 커피를 주문하고 받은 영수증을 거들떠보지도 않고 버렸다. 나같이 평범한 사람은 1년 동안 공짜 식사를 즐길 수 없는 것이다.

이 남자는 영수증 하단에 프린트되어 있는 코드에 주목했다. 이 코드는 매장의 서비스 개선을 위해 고객 의견을 듣기 위한 설문 조사와 연결되는 것이었다. 그는 설문 조사에 남기기 위해서 챗GPT에게 매장 이용에 대한 불만 사항을 작성해 달라고 요청했다. 글의 분량은 12,000자 정도면 좋겠고, 구체적인 불만이 담긴 의견을 만들어 달라고 프롬프트를 작성했다.

챗GPT는 명령에 따라 아주 능숙하게 글을 써 주었다. 불만 사항을 얼마나 현실감 있고 성실하게 작성했는지 맥도날드는 사과의 의미로 무료식사권까지 제공하였다. 이 방법이 통한다는 걸 알게 된 그는 매장을 바꿔 가면서 챗GPT와 작성한 불만 사항을 보내기 시작했다. 그의 무료 식사 매장 투어를 맥도날드가 알아차린 건 이미 1년의 시간이 지난 뒤였다.

발등을 찍어 버린 AI

누군가 의도를 가지고 가짜 정보를 만들어 낸 사건과 논란들은 AI를 악용한 사용자가 나빴던 것으로 결론을 내릴 수 있다. 그런데

AI 스스로가 누가 시키지도 않은 왜곡된 정보를 만들어 내는 일도 있다. 이러한 현상을 'AI 환각(Hallucination)' 현상이라고 부른다. 믿는 도끼에 발등 찍힌 것처럼 AI가 제공한 정보를 믿었다가 낭패를 보는 일도 생길 수 있다.

캐나다에서는 한 승객이 '에어캐나다'의 서비스에 항의를 하였다. 항공권을 구매하는 과정 중에 에어캐나다의 AI 챗봇이 잘못 계산된 비용 정보를 안내하여 피해를 입었다는 것이다. 이 다툼은 민사소송으로까지 이어졌고, 캐나다 브리티시컬럼비아주의 민사조정재판소는 고객의 손을 들어 주었다. 에어캐나다가 승객에게 보상해야 할 비용 규모는 약 800불 정도로 크지는 않았지만 소송 과정 중 발생했을 자원의 낭비와 대외적으로 기업의 이미지에 부정적 영향이 있었던 것은 분명한 사실이다.

세계보건기구 WHO는 2024년에 챗봇 서비스 '사라(SARAH)'를 공개했다. 챗GPT 기술을 기반으로 개발된 이 서비스는 사람들에게 건강 및 의료 정보를 제공하려는 목적으로 개발되었다. 그러나 '사라'가 실제로 존재하지도 않는 의료기관의 이름과 주소를 사용자들에게 제공하는 오류를 일으킨 사례가 보고되었다. 다른 무엇보다 정확해야 할 의료 관련 정보에 문제가 생기게 되면서 신뢰성에 대한 논란이 발생하였다.

새롭게 항해해야 할 환각의 바다

칸 아카데미의 설립자, '살만 칸(Salman Khan)'은 저서《나는 AI와 공부한다》에서 AI를 램프의 요정 '지니'로 비유했다. 지니는 램프의 주인이 어떤 소원을 말하든 현실로 만들어 주는 마법을 부린다. AI 역시 사용자가 입력하는 프롬프트에 따라서 무한한 능력을 발휘한다. 그 능력이 너무나 뛰어난 나머지 거짓 정보를 마치 사실인 양 설명하는 임무도 아주 능숙하게 처리한다. 램프가 누구의 손에 들어갔느냐에 따라서 전혀 다른 결과물이 세상에 등장하는 것이다.

우리가 자유롭게 탐험을 즐기던 정보의 바다는 새로운 국면을 맞이했다. 이제 그 바다는 진실만이 아닌 AI가 생성해 내는 허구와 환상이 뒤섞여 존재하는 '환각의 바다'로 변화하고 있다. AI는 그럴듯하게 가짜 정보를 제시하고, 사용자는 그것이 진짜인지 가짜인지 구별하기조차 어려운 실정이다. 정보의 '양적 폭발'에 이어 '질적 혼란'까지 더해진 시대에 적절하게 대처하기 위해서 조직과 리더십의 변화가 필요한 시점이다.

준비되지 않은 리더십

30년이 지나도 남아 있는 도전 과제

많은 기업들과 만나 리더십 교육 프로그램을 기획해 보면 자주 등장하는 대표적인 니즈 중 하나가 바로 '변화관리'이다. 변동성(Volatility)이 높고, 불확실(Uncertainty)하고, 복잡(Complexity)하고, 모호(Ambiguity)하다는 VUCA 시대. 모든 게 변화하고 있는 현시대에 리더십만 좀처럼 변하지 않는다는 답답함이 있는 것이다. 세상이 변화하는 속도는 생성형 AI가 등장하면서 더욱 빠르고, 예측이 어려워지고 있음은 더 이상 강조할 필요도 없을 정도이다. 그런데 지금의 상황을 마주하는 리더들의 모습은 어떠한가?

지금으로부터 약 30년 전, 1993년에 독일의 프랑크푸르트에서 회의가 열렸다. 삼성의 글로벌 전략회의였다. 회의에 참석한 故 이건희 회장은 임직원들에게 강한 어조로 메시지를 전달했다.

"마누라와 자식 빼고는 다 바꿔라."

변화와 혁신을 주문했던 이 메시지는 그로부터 30년이라는 긴 세월이 넘게 지난 지금도 여전히 리더들에게 도전해야 할 과제로 남아 있다. AI는 세상에 등장하면서 모든 이목을 사로잡았다. 뜨고 지는 일시적 유행 같은 현상으로 치부하기에는 우리 사회와 일상에 미치는 영향이 너무나 클 것으로 보인다. 산업의 패러다임이 바뀌면서 우리는 새로운 기회와 위기를 맞이할 것이고, 이를 통해 주류와 비주류가 바뀌는 일들을 경험하게 될 것이다.

점점 멀어져 가는 리더와 구성원의 사이

과거의 큰 변화들과 비교했을 때 흥미로운 점은, 위에서 아래로부터의 변화가 아닌 아래에서 위로 변화하는 모양새가 되고 있다는 것이다. 조직은 정보 보안, 비용 부담 등의 여러 이유를 근거로 AI 도입을 주저하고 있다. 그사이 젊은 세대의 구성원들은 적극적으로 AI를 일상과 업무에 받아들이고 있다. 효율성을 최고의 가치 중 하나로 추구하는 이들에게는 AI가 가져오는 당장의 편익이 너무나도 매력적이기 때문에 망설일 필요가 전혀 없는 것이다.

반면 리더들을 살펴보면 아직까지 AI에 대해 이해와 경험 자체가 부족한 경우도 많이 있다. 이런저런 핑계를 대며 아직 우리 조직에는 이르다는 이야기를 하거나, 다른 기업들의 진행 과정을 조금씩 살펴보면서 상황을 지켜보겠다는 입장을 밝히기도 한다.

앞에서 조직 몰래 개인적으로 AI를 활용하는 '섀도 AI'에 대해 언급했다. 구성원들은 이미 조직과 리더 몰래 업무에서 AI를 활용하고 있는데도 리더들은 변화된 업무 환경과 구성원들의 일하는 방식에 대처할 준비가 되어 있지 못한 경우가 많다.

놓치지 말아야 할 변화 골든타임

"'그때 샀어야 했는데'라고 생각했을 때 샀어야 했는데'라고 생각했을 때 샀어야 했는데'라고 생각했을 때 샀어야 했는데."

SNS에서 한동안 많이 공유되었던 텍스트이다. 비트코인 열풍이 불던 당시 적절한 매수 타이밍을 잡지 못하고 거래가격이 연일 상승하는 걸 지켜만 보며 신세 한탄하는 모습을 풍자한 것이다. 잠시 여담으로 지금 이 글을 쓰고 있는 시점에 비트코인 시세가 사상 최고가를 갱신하여 11만 달러를 돌파했다는 뉴스가 나왔다. 진짜로 그때 샀어야 했다.

나는 조만간 많은 조직과 리더들이 "'그때 우리도 AI를 도입했어야 했는데'라고 생각했을 때 도입했어야 했는데…."를 이야기하며 아쉬워하는 일이 오지 않을까 생각해 본다.

없는 게 없다는 전설의 예능 〈무한도전〉에서 개그맨 '박명수' 님은 묵직하게 뼈를 때리는 명언을 남겼다.

"늦었다고 생각했을 때는 진짜 너무 늦었다."

리더의 AI에 대한 사용 경험 및 이해도 부족은 조직의 AI 활용 가능성을 가로막는다. 구성원들이 음지에서 개인적으로 AI를 활용하는 것을 넘어서야 한다. 그리고 AI가 도입된 업무 환경에서 더욱 효과적으로 일하기 위한 조직 차원의 업무 규칙과 문화를 만들어 가야 한다. 이리저리 남들 눈치를 보면서 천천히 뛰어들면 진짜 너무 늦어 버려서 돌이킬 수가 없게 될 것이다.

리더가 AI의 세부적인 작동 원리와 구조까지 완벽하게 파악해야 한다고 주장하는 것은 아니다. 그런 것은 IT 기술 전문가의 몫이다. 리더들은 AI가 일상이 된 시대에 조직이 어떤 문제를 직면하게 될지, 주요 이슈는 무엇일지 예측할 수 있어야 한다. AI와 함께 일하면서도 높은 성과를 내기 위해서 어떤 역량을 키워야 하는지 고민해야 한다. 또한 구성원들이 업무에 몰입할 수 있는 업무 방식과 조직문화의 구축에 대한 방안을 준비해야 한다.

리더는 스스로에게 질문해야 한다. AI 시대에 리더로서 나는 무엇을 해야 하는지.

2부

AI 시대, 리더는 어떤 도전을 마주하게 될까?

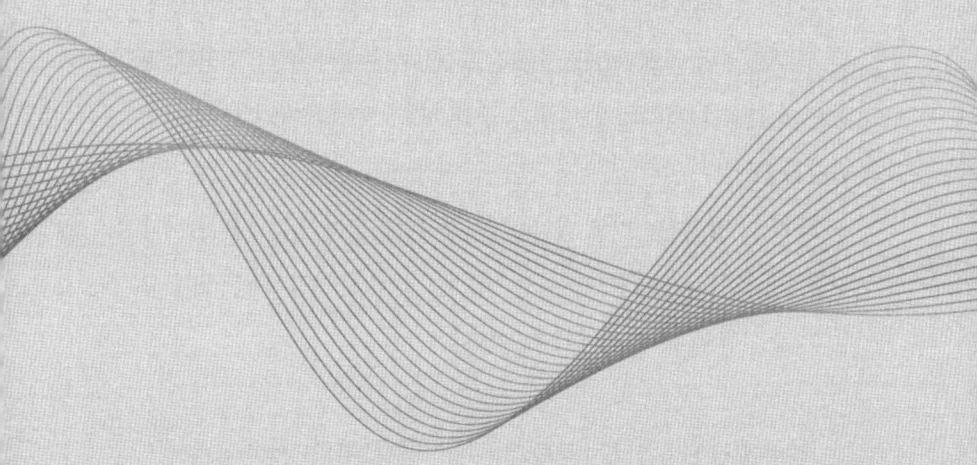

NEW LEADERSHIP IN THE AI ERA

채용 관리:
누구를 어떻게 뽑아야 할까?

면접관들의 한결같은 고민

리더는 언제나 바쁘다. 채용 시즌이 되면 대부분의 리더는 면접관 역할도 수행하게 된다. 수많은 지원자 속에서 우리 조직에 꼭 필요한 인재를 가려내기 위해 꼼꼼한 서류 검토와 여러 면접 전형 절차를 거친다. 효과적으로 면접을 진행하기 위해서 별도로 면접관 교육을 진행하는 일도 많다. 교육을 위해 모여 있는 리더들에게 면접관으로서 가장 큰 어려움을 느끼는 점이 무엇인지 물으면, 모두가 입을 모아 같은 이야기를 꺼낸다.

"어디까지 믿어야 할지 모르겠습니다. 다들 스펙도 화려하고, 답변도 청산유수이니까요."

해가 갈수록 취업의 문턱이 높아지고 있다. 저성장 기조가 이어지면서 기업의 채용시장은 얼어붙고, 동시에 지원자들의 스펙 인플레이션은 점점 치솟는 이중고 상태이다. 바늘구멍 같은 서류 전형을 통과해야 하고, 면접장에서는 경쟁자보다 조금이라도 돋보여야 하다 보니 지원자들은 철저하게 준비할 수밖에 없는 입장이다.

그러다 보니 구직자들은 도움받을 수 있다면 무엇이든 손을 빌리고자 하는 마음을 가지게 된다. 먼저 합격 경험이 있는 주변 선배든, 전문 취업컨설팅 서비스든 각자의 상황과 여건이 허락하는 범위 안에서 도움을 받고자 한다. 이런 상황에서 AI라는 마법 같은 힘을 가진 도구의 등장은 구직자들에게 한 줄기 빛처럼 여겨질 것이다. 반대로 면접관들에게는 또 한 번 뛰어넘어야 할 장벽이 나타난 셈이다.

도와주는 AI vs. 잡아내는 AI

최근 국내 주요 대기업들은 채용 과정에서 AI를 활용하여 지원자들이 제출하는 수많은 자기소개서를 검토하는 데에 힘쓰고 있다. 지원자들이 자기소개서를 스스로 작성하지 않고 챗GPT와 같은 생성형 AI의 힘을 빌려 제출한 것이 아닌지 걸러 내기 위함이다. 자체적으로 AI 검증 프로그램을 개발하거나, 외부 전문업체에 의뢰를 맡기기도 한다. AI로 만들어 낸 것을 다시 AI로 잡아내려는 것이다. 그럴 수밖에 없는 것이 취업준비생 약 1,000명을 대상으로 한 설문 조사 결과, 약 60%가 자기소개서를 작성할 때 생성형 AI를 활용한 경험이 있다고 응답했다.

지원자는 생성형 AI 덕분에 자기소개서를 작성하는 시간을 대폭 줄일 수 있을 뿐만 아니라 자기소개서의 품질도 훨씬 좋아진다고 이야기한다. 본인이 강조하고 싶은 강점과 소개하고 싶은 경험을 몇 가지만 입력하면 양질의 문장들이 화면에 펼쳐진다. 이제는 어떤 문장으로 시작하면 좋을지 머리를 싸매고, 몇 번을 썼다 지웠다 하기를 반복할 필요가 없다. 도입부터 마무리까지 매끄럽게 작성해 주니 얼마나 좋은가!

심지어 어떤 기업에 지원하는 것인지에 대한 정보도 입력하면, 최근 해당 기업과 관련된 각종 뉴스와 공시자료 등을 종합 분석해서 맞춤형으로 내용을 작성해 줄 수도 있다. 짧은 기간 동안 최대한 많은 기업의 문을 두드려야 하는 지원자 입장에서는 AI의 도움을 받지 않을 이유가 없는 것이다.

이에 대응하는 기업들은 앞서 언급한 것처럼 AI로 작성한 자기소개서를 AI로 걸러 내어 감점 처리를 하거나 아예 서류 전형에서 탈락시키겠다는 입장을 취했다. 그런데 이걸 어쩌나! 지원자들도 이에 대비해서 프롬프트 입력 시 자신의 본래 문체와 어울리도록 작성해 달라는 등의 조치를 취한다. AI로부터 받은 내용을 가지고 아주 약간의 수정을 거치는 것도 감시를 빠져나가는 방법이 될 수 있다.

더욱이 한 연구 결과에 따르면, AI 탐지기인 'GPT제로'의 오판률은 31.55%이고, '오픈AI'의 텍스트 탐지기의 오판률은 49.37%라고 한다. 면접관 역할을 하는 리더들에게는 미안한 이야기를 전해야 할 것 같다. 현재의 상황만 놓고 보았을 때에는 아무래도 '도와주는 AI'가 '잡아내는 AI'를 이길 확률이 훨씬 높아 보인다. 지원자들의 승리!

아마존도 속아 버린 AI와의 인터뷰

미국 컬럼비아 대학교에 다니고 있던 한국계 학생이 있었다. 그의 이름은 '로이 리(Roy Lee)', 한국 이름은 '이정인'이다. SAT 만점 기록을 가지고 있고, 컴퓨터공학을 전공하던 그는 2학년을 보내다가 학교로부터 퇴학을 통지받았다. 그가 퇴학 처분을 받은 사유는 그가 유튜브 채널에 올린 한 영상 때문이었다. 문제가 된 영상 속에서 그는 비대면 면접을 열심히 보고 있었다. 과연 무엇이 문제였던 걸까?

영상을 찍기 전 그는 '인터뷰 코더(Interview Coder)'라는 애플리케이션을 개발했다. 그가 개발한 애플리케이션은 AI 기술을 활용하여 복잡한 코딩 문제를 간단하게 풀어 해답을 제시해 주는 기능을 가지고 있었다.

그는 '아마존'의 인턴십 프로그램에 지원했고, 비대면 인터뷰에서 이 애플리케이션을 몰래 활용했다. 면접관이 코딩 문제를 제시하면 그는 그 문제를 몰래 실행시켜 놓은 애플리케이션에 그대로 문제를 옮겼다. 애플리케이션은 곧바로 모범 답안을 제시했고, 그는 이를 참고하여 면접관에게 설명했다. 결과는 합격이었다.

그는 '아마존'뿐만 아니라 '메타', '틱톡' 등의 빅테크 기업에도 동일한 방법으로 면접을 진행했고, 모두 합격 통보를 받을 수 있었다. 이번에는 조금 반칙 같기는 하지만 또 한 번 지원자의 승리라고 해야겠다.

인재 채용을 위한 절대 불변의 기준

우리 기업에 적합한 인재를 채용하기 위해서 기업들은 다양한 노력을 기울인다. 채용 과정에 있어서 여러 가지 방식의 평가 도구와 제도가 새롭게 등장하고, 활용된다. 선입견을 없애기 위한 블라인드 평가 방식이 있다. 실무 상황에서의 대응 방식을 보기 위한 과제해결 면접도 있다. 최근에는 사람이 일으키는 오류를 방지하고, 자원의 효율성도 극대화할 수 있는 AI 기반 심사를 진행하기도 한다. 시대의 변화와 필요에 발맞춰서 서류 전형과 면접 전형에 새로운 시도와 방법들이 등장해 왔다.

이런 방식이든, 저런 방식이든 결국 인재 선발 과정에서 핵심이 되는 기준은 두 가지로 정리할 수 있다. 첫 번째는 '직무적합도'이고, 두 번째는 '조직적합도'이다. 아마 세월이 많이 흐른 후에도 거의 변하지 않을 채용의 '절대 불변 기준'이라고 할 수 있다. AI가 지원자를 다양한 방식으로 돕는 상황에서도 리더가 면접관 역할을 수행할 때에는 이 두 가지 기준을 평가하는 것에 집중해야 한다. AI가 만들어 낸 안개를 걷어 내고, 지원자의 진짜 모습 속에서 직무적합도와 조직적합도를 객관적으로 판단할 수 있어야 한다.

일을 잘할 수 있는가

먼저 '직무적합도'는 일을 잘할 수 있는가를 판단하는 것이다. 현재 채용하고자 하는 자리에서 성공적으로 업무를 수행하기 위해 필요한 역량을 충분하게 갖추고 있는지 따져 보는 것이다. 역량은 일반적으로 어떤 직무에서 높은 성과를 만들어 내는 사람들이 공통적으로 가지고 있는 지식(Knowledge), 기술(Skill), 태도(Attitude)를 의미한다. 편의상 앞 글자를 따와서 K.S.A라고 표현하기도 한다.

쉬운 예시로 영업 직무를 생각해 보자. 영업이라는 직무에서 높은 성과를 만들어 내려면 우선 지식적으로는 판매하려는 제품의 특징과 정보를 해박하게 알고 있어야 한다. 경쟁사 제품의 특징까지 알고 있다면 영업 활동에 더욱 유리하다. 기술적으로는 아는 것을 고객에게 조리 있게 설명할 수 있어야 한다. 처음 만난 고객과도 쉽고 빠르게 친밀감을 형성할 줄 안다면 영업의 기회가 더 많아질 수 있다. 더 나아가 태도적으로는 거절하는 고객에게도 다시 다가가는 적극성과 고객의 소리를 끝까지 듣는 노력까지 더해진다면, 높은 영업 성과를 만들어 낼 수 있을 것이다.

이를 K.S.A로 정리해 보면 다음과 같다.

[직무적합도 판단을 위한 역량의 기준: K.S.A]

Knowledge	자사 제품 특징에 대한 이해, 시장 내 경쟁사 제품의 장단점 파악 등
Skill	스토리텔링 스킬, 프레젠테이션 스킬, 인간관계 구축 스킬 등
Attitude	포기하지 않는 적극적 태도, 고객 의견에 귀 기울이는 경청 태도 등

조직에 잘 어울릴 수 있는가

'직무적합도'가 일하는 능력에 대한 것이었다면 '조직적합도'는 조직의 일하는 문화를 잘 받아들일지, 기존 구성원들과 잘 어우러질 수 있을지를 판단하는 것이다. 이번에는 역량이 아닌 조직이 추구하는 핵심 가치를 기준으로 평가해야 한다. 어느 정도 규모가 있는 기업들은 핵심 가치를 가지고 있을 것이다. 만약 마땅히 핵심 가치 키워드가 없는 상태라면, 각 기업이 이루고자 하는 비전과 미션을 현실화하기 위해 추구해야 할 가치들을 몇 가지 떠올려 볼 수도 있다.

가령 연구 개발에 중점을 두고 있는 기업이라면 핵심 가치를 '창의성', '혁신', '유연성'과 같은 키워드로 가질 수 있다. 제조 현장의 안정적 운영이 중요하다면 '안전', '규칙', '책임'과 같은 단어들을 떠올려 볼 수 있을 것이다. 이처럼 각 기업이 추구하는 가치를 중심으로 조직의 문화와 분위기가 구축된다.

만일 안전이 가장 중요한 기업이라면, 이를 철저히 지키기 위해서 엄격하게 작업 규칙을 준수해야 한다. 이를 위해서는 조직 내 위계에 따른 지휘 통제가 필요하며, 수직적인 업무 소통 분위기가 조성되는 게 적절하다. 이러한 업무 환경을 지원자가 잘 받아들이고, 따라올 수 있을지 판단해야 한다.

AI가 아무리 당신을 속일지라도

지원자들이 AI라는 든든한 서포터를 등에 업고 면접장에 나타나더라도 면접관이 기억해야 할 것은 절대 불변의 기준 '직무적합도'와 '조직적합도'이다. 변화된 채용 환경 속에서 이를 어떻게 파악할 것인가에만 집중하면 대처 방법을 찾을 수 있을 것이다.

앞에서 언급했던 AI 탐지기를 활용한 자기소개서 검증도 하나의 대처법이겠지만, 아직 신뢰 수준이 너무 낮다. 실제로 AI의 도움을 전혀 받지 않은 글도 사용자의 문장 표현 방법이나 용어 선택 등에 따라서 AI의 작업 결과라고 판정을 받는 억울한 경우들이 나타나기도 한다. 결국은 지원자와 얼굴을 마주한 면접장에서 날카로운 질문을 통해 검증하는 방법이 가장 직접적인 해결책이 될 것이다.

여기서 잠깐! 혹시 날카로운 질문이 필요하다는 말에 강력한 압박 면접을 떠올렸다면 바로잡아야 한다. 압박 면접으로는 지원자의 진짜 모습을 관찰할 수 없다. 예외적으로 극심한 정신적 스트레스 속에서 근무해야 하는 직무라면 압박 상황에서 지원자가 어떻게 대응하는지 살필 수 있으니 나름의 의미가 있겠다. 그러나 다수의 지원자는 압박 상황에서 자신의 자연스러운 모습을 보여 주지 못한다.

지원자의 진짜 모습, 있는 그대로의 모습을 보기 위해서는 무장해제시키는 게 더 유리하지 않겠는가? 이솝우화 《해와 바람의 대결》에서 두꺼운 외투를 벗겨 낼 수 있었던 건 강력한 바람이 아닌 따뜻한 햇살이었던 것을 떠올려 보자.

안개를 걷어 내는 질문

지원자를 둘러싼 자욱한 AI 안개를 걷어 내기 위해서는 직무적합도와 조직적합도를 밝히기 위한 좋은 질문을 던져야 한다. 여기서 좋은 질문이 되기 위한 조건은 두 가지이다.

조건 1. 지원자의 경험에 대한 이야기를 듣기 위해서 과거를 물어야 한다.

조건 2. 보다 구체적인 상황과 행동을 파악하기 위해 단계적으로 물어야 한다.

먼저 과거에 대해 묻자. '입사하면 잘할 수 있느냐?'와 같이 앞으로 일어날 일에 대해 물으면 '할 수 있다!'와 같은 하나 마나 한 답변이 돌아오게 된다. 직무 수행에 요구되는 역량을 본인이 성공적으로 발휘했던 과거의 경험이 있는지를 물어야 한다. 만약 커뮤니케이션 스킬이 필요한 직무라면, 지원자가 누군가에게 설명하거나 설득해 본 일이 있었는지 묻는 것이다. 조직의 수직적 문화에 적응이 필요하다면, 지원자가 속으로 내키지는 않았지만 인내하고 선배 또는 단체의 의견에 따랐던 일이 있었는지 물어보아야 한다.

과거에 대한 물음에 적절한 답변을 하고 있다면, 다음은 단계적으로 파헤쳐 볼 순서이다. AI가 얼마나 부풀려 줬는지, 얼마나 꾸며 준 것인지 진위 여부를 판별해 보도록 하자. 먼저 구체적인 상황과 배경 설명을 요청할 수 있다. 지원자가 이야기한 에피소드의 앞뒤 맥락은 어떠했는지 파악하는 것이다. 그리고 지원자는 그 상황에서 정확히 어떤 역할을 했는지 묻도록 하자. 어디부터 어디까지가 스스로 한 것인지 확인하는 것이다. 다음으로는 그 역할을 위해서 지원자는 당시 어떤 행동을 했는지 파악해 보자. 왜 그런 행동을 했는지도 물어보자. 마지막으로 그 행동의 결과는 무엇이었는지까지 물어보아야 한다. 결과를 통해 어떤 교훈을 얻었는지 확인해 보자.

이러한 질문의 방법을 'STAR 질문법'이라고 한다. 'Situation(상황) → Task(과제) → Action(행동) → Result(결과)'의 순서대로 점점 깊게 묻다 보면 자욱했던 안개가 서서히 걷히고, 거품도 함께 빠지게 된다.

[STAR 질문법]

Situation(상황) → Task(과제) → Action(행동) → Result(결과)

Situation (상황)	어떤 상황이었는지 배경과 맥락 파악하기 ex) A프로젝트에 참여하게 된 배경은 무엇이었나요?
Task (과제)	해당 상황에서 지원자가 맡았던 역할 및 과업을 확인하기 ex) A프로젝트에서는 구체적으로 어떤 역할을 맡았었나요?
Action (행동)	특정 상황에서 지원자가 취했던 구체적인 행동, 시도에 대해서 확인하기 ex) ○○역할 수행 중에 발생한 ○○상황을 해결하기 위해서 지원자는 어떤 행동을 했나요?
Result (결과)	행동의 결과와 학습/성장 포인트 확인하기 ex) 지원자의 행동으로 변화가 있었다면 무엇이었나요? 이를 통해 무엇을 느꼈나요?

우리만의 방법 찾기

얼마 전 철강제조업을 하고 있는 B사로부터 면접관 교육 요청을 받게 되었다. 교육 준비를 위해서 B사의 채용 프로세스를 살펴보았다. 인적성 검사와 서류 전형까지는 딱히 특별할 게 없었다. 그런데 1차 면접을 진행하기 직전에 지원자들을 한자리에 모아 놓고 에세이를 작성하도록 하는 순서가 있었다. 회사는 즉석에서 지원자들에게 특정 주제를 제시하고, 지원자들은 곧바로 정해진 시간 내에 에세이를 써서 제출해야 한다. 그리고 지원자의 에세이는 면접관에게 전달되어 당일 면접에서 활용된다.

B사는 지원자들이 사전 제출한 서류에 AI로 인한 거품이 끼어 있다는 점을 인지하고 장치를 마련한 것이다. 현장에서 곧바로 에세이를 써야 한다면 지원자들의 평소 작문 실력과 논리 수준의 민낯이 그대로 드러나게 될 것이다. 또한 이를 기반으로 면접까지 진행한다면 사전에 AI와 준비한 대본을 읊는 것이 아닌 진짜 자기 생각을 말하게 될 것이다. 훌륭한 접근이었다. B사의 시도는 AI가 만든 자욱한 안개 속에서 우리 조직에 꼭 필요하고, 잘 어울리는 진짜 사람을 찾기 위한 고민 끝에 나온 실용적 해법이었다.

리더는 각자의 채용 환경에 맞춰서 '직무적합도'와 '조직적합도'를 파악할 수 있는 방법을 고민해야 한다. 가장 쉽고 효과적인 방법은 AI 개입이 어려운 대면 환경에서 좋은 질문으로 지원자의 본모습을 파악하는 것이다. 우리 조직만의 기준을 세우고, 그 기준에 따라서 누구를 선택할지 판단을 돕는 질문을 갖추는 일. 그것이 AI 시대에도 변하지 않는 성공적인 채용의 출발점이다.

육성 관리:
사람을 어떻게 키워야 할까?

오늘 하루도 죄송한 주니어들

몇 년 전 방영했던 드라마 〈슬기로운 의사 생활〉을 본 적이 있는가? 팬들은 줄여서 '슬의생'이라고 부른다. 대형병원에서 일하고 있는 교수들의 이야기를 재미나게 연출해서 큰 인기를 끌었다. 가장 최근에는 〈언젠가는 슬기로울 전공의 생활〉이라는 이름의 드라마도 방영했다. 이번에는 줄여서 '언슬전'. 이 드라마는 전작 '슬의생'의 스핀오프 성격으로 대형병원에서 근무를 이제 막 시작한 1년 차 레지던트들의 이야기를 다룬다.

드라마 속 주인공인 전공의 4인방은 하루하루가 실수투성이이다. 1년 차로서 병원 생활의 모든 게 서툴다. 학교에서 열심히 공부했지만 현장은 전혀 달랐다. 진료를 받는 환자가 불만을 토로하면 어떻게 대처해야 하는지, 선배들의 이야기들은 왜 이렇게 어렵고 복잡한지 제대로 알아들을 수도 없다. 갑작스럽게 응급 상황이라도 발생하면 무엇부터 처리해야 할지 눈앞이 깜깜해진다.

'죄송합니다.'로 시작해서 '죄송합니다.'로 끝나는 하루가 반복되고, 멀끔했던 주인공들의 몸과 마음은 순식간에 피폐해진다. 이들의 고생을 눈물 없이는 볼 수 없을 정도다. 하지만 드라마 속 에피소드가 진행될수록 주인공들은 점점 성장해 간다. 중간에 그만둘 뻔한 위기의 순간들도 여럿 있었지만 좌충우돌 1년 차 전공의들은 결과적으로 잘 이겨 내고, 한 걸음씩 더 나아가게 된다.

그들은 어떻게 버텨 내고, 성장할 수 있었을까? 주변에서 그들을 챙기고 이끌어 주는 든든한 선배와 리더들이 있기 때문이었다. 가장 가깝게는 2년 차, 3년 차, 4년 차 레지던트 선배들이 있었다. 선배들은 1년 차들이 쏟아 내는 수많은 질문에 일일이 대답해 주며 그들의 궁금증을 해소해 주었다. 문제 해결의 방법을 1년 차가 보고 배울 수 있도록 환자들 앞에서 솔선수범했다.

각 진료과 교수들도 리더로서 이들을 이끌어 주었다. 주니어들의 성장 동력이 사라지지 않도록 의사라는 직업의 비전을 심어 주었다. 때로는 엄격하게 혼도 내지만 이내 따뜻한 말로 격려하고, 발전한 모습에는 칭찬도 아끼지 않았다. 환자들과의 만남 속에서 주니어들이 보람을 느낄 수 있는 상황들을 만들어 주기도 했다. 별도 시간을 내어 주니어들과 스터디를 진행하거나 논문 작업을 하는 등 실력 향상에도 힘을 쓴다. 1년 차 전공의들은 혼자서 성장하지 않았다. 주변 리더들의 관심과 지원이 있었기에 가능했다.

물음표 살인마

드라마에 심취하다 보면 주인공들에게 감정을 이입하게 되는 법이다. 회사라는 곳에 처음 들어가서 한참을 헤매던 나의 주니어 시절이 떠올랐다. 열정과 패기만 있었던 나는 참 서툴렀다. '언슬전'에서 1년 차 전공의들이 '죄송합니다.'로 하루를 시작해서 '죄송합니다.'로 끝냈다면, 나는 '감사합니다.'로 시작해서 '감사합니다.'로 마무리하였다. 여기저기 매일 도움을 받고 다녔기에 감사하지 않을 수가 없었다.

서류를 어느 부서에 전달해야 하는지 몰라서 이리저리 뛰어다녔다. 비품이 어디 있는지 몰라서 사무실의 온갖 서랍을 다 열어 보고 다니기도 했다. 팩스는 어떻게 보내는지 몰라서 이 버튼, 저 버튼을 마구 눌러도 보았다. 매일 이렇게 사무실에서 뚝딱거릴 수는 없었다. 고민 끝에 내린 결론은 누구든 붙잡고 궁금한 걸 물어보면서 배우는 것이었다.

일단 가장 인상이 선해 보이면서도 나와 직급 차이가 별로 나지 않는 대리님들에게 S.O.S 신호를 보냈다. 뭐 이런 것까지 물어봐도 되나 싶은 아주 사소한 것들까지도 모두 물어보았다. 다행히 선배들은 나의 지극히 사사로운 질문 하나하나에 성실히 대답해 주었다.

그리고 대리님들에게 물어보기에 조금 난이도가 있다 싶은 것들은 과장님들을 공략했다. '과장님! 커피 한잔 사 주십쇼!'라고 용기를 내어 잠깐의 자리를 만들고, 궁금한 것들을 물어보았다. 아까 미팅 때는 왜 그런 이야기가 나온 건지, 저쪽 부서는 무엇 때문에 그렇게 화가 난 것인지 등을 묻는 나의 질문에 막힘없이 답을 해 주었다.

팀장님도 기꺼이 스승이 되어 주었다. 외부 미팅에는 서기 역할로 나를 데려갔고, 함께 출장을 가서 여러 현장을 둘러볼 수 있는 기회도 만들어 주었다. 팀장님과 함께 오고 가는 길에서 나는 새롭게 생긴 궁금증들을 또 물었고, 팀장님의 답변에 귀를 기울였다. 이 사람, 저 사람에게 마구 물어보는 일은 한동안 계속되었다. 한마디로 나는 '물음표 살인마'였다. 질문으로 사람 하나 뒷목 잡고 쓰러지게 만들 정도였다고나 할까? 그렇게 약 1년 정도의 시간이 지나서야 나의 질문 공세는 줄어들기 시작했다.

그랬구나, 이제야 알겠다

선배들의 도움 덕분에 어제보다 조금씩 나아지는 하루를 꾸준히 축적해 갔다. 그렇게 세월은 훌쩍 지났고, 어느새 나도 조직 안에서 리더가 되었다. 누군가의 도움을 받던 입장에서 이제 도움을 줘야 하는 입장으로 상황이 변한 것이다.

결혼을 해서 아이를 낳고, 길러 봐야 비로소 부모의 마음을 알게 된다고 했던가? 리더가 되고 나서야 깨닫게 되었다. 주니어 1명을 육성하기 위해서는 주변 인물들의 엄청난 인내 비용이 든다는 사실을 말이다. 끊임없이 선배들을 쫓아다니며 질문을 던져 대던 물음표 살인마 출신인 내 앞에 이제 막 조직 생활을 시작한 또 다른 물음표 살인마가 나타난 것이다.

'그랬구나. 이제야 알겠다. 나 때문에 많이 힘들었을 선배들의 마음을.'

1년 차 전공의들의 성장을 주변 선배 의사들과 교수님들이 도왔던 것처럼 회사라는 조직 역시 새로운 구성원이 들어오면 많은 동료와 리더들이 붙어서 구성원의 성장을 돕는다. 아직 서툰 구성원에게 업무 처리 방법을 알려 주고, 익숙해지는 것을 기다려 준다. 미숙함으로 업무 중에 실수를 하게 되면 그것을 바로잡아 주고, 발생한 문제를 함께 해결해 보는 수고도 감수하며 구성원의 성장을 돕는다.

이처럼 리더와 선배들은 구성원을 육성하기 위해 기꺼이 자신들의 시간과 노력을 투자해 왔다. 그런데 여기서 무엇이든 척척 답을 제시해 주는 AI가 등장한다면 어떤 변화가 일어나게 될까?

그럼에도 리더는 기다려 줄 수 있을까?

앞에서도 언급했던 와튼 스쿨의 교수 '이선 몰릭'은 그의 저서 《듀얼 브레인》에서 AI의 도입으로 인해 리더의 인재 육성 노력이 다소 소홀해질 수 있음을 지적한다. 이유는 이렇다.

과거에는 도제식 교육이나 OJT(On the job training) 등의 과정을 통해서 리더가 인재를 육성하기 위한 적극적 개입이 이루어졌다. 그러나 AI 발달로 인해 상황이 변화할 것으로 내다보았다. 아직 업무에 익숙하지 않은 하위 구성원들에게는 기본기를 쌓아 가는 경험이 필요하다. 이러한 경험을 쌓아 가기에 적합한 일들은 다소 반복적이고, 단순하며, 주변에 미치는 영향력이 작은 단위의 업무일 가능성이 크다. 이러한 작은 일들을 앞으로는 구성원이 아닌 AI에게 맡기는 리더들이 점차 늘어날 것으로 예상한 것이다.

신규 직원 1명을 온보딩시키는 데 투입되는 시간과 비용을 숫자로 나타내 본다면 어떠할까? 기업의 규모와 산업 특성에 따라서 달라지겠지만, 참고할 만한 몇몇 연구 결과들이 있다. 신입사원이 어느 정도 1인분 역할을 할 수 있기까지는 약 6개월의 시간이 걸린다고 한다. 비용으로 따지면 7,500달러에서 28,000달러까지 든다는 주장도 있다. 이 시간과 비용에는 앞서 언급했던 리더가 기다려 주는 인내 과정도 포함되어 있다.

즉, 서툰 구성원에게 일을 맡긴다는 것은 육성을 위해서 어느 정도의 비용 발생을 감수하겠다는 의미다. 그런데 이러한 발생 비용을 AI는 크게 절감해 줄 수 있다. 특히, 구성원이 기본기를 쌓기에 적합한 일, 단순 반복적인 성격을 가진 업무와 관련해서 AI는 실수도 없고, 신속하게 처리할 수 있다. 리더 입장에서는 더 이상 인내를 감수할 필요가 없게 된다. 당장 나에게 쌓여 있는 일들을 처리하기에도 하루가 부족한데 한가롭게 사람을 키우는 여유를 부릴 수 없다며 인재 육성을 등한시할 수도 있다.

결국 구성원들은 여러 일을 해 보면서 경험을 쌓아 갈 기회를 AI에게 빼앗기고 성장의 골든타임을 놓치게 된다. 덩그러니 방치될 위험에 놓이는 것이다.

일을 통한 성장의 첫 번째 방법: 실패 경험

여러분이 학창 시절에 비교적 선생님 말씀을 잘 듣는 순종적인 학생이었다면 한 번쯤 '오답노트'를 만들어 본 경험이 있을 것이다. 오답노트를 만드는 과정은 이렇다. 틀린 문제를 다시 들여다보면서 나는 왜 이렇게 생각했었는지 떠올려 본다. 올바른 정답을 위해서는 어떤 방식으로 풀어 가야 했는지를 정리해 보고 나의 잘못된 풀이 방식을 교정한다.

오답노트를 만드는 과정 자체는 너무 귀찮았지만 효과는 확실했다. 오답노트에서 다뤘던 문제와 동일하거나 유사한 것들을 다시 풀게 될 때면 거의 틀리는 일이 없었다. 미숙했던 것에 대해 회고

하는 과정을 거치면서 실력이 향상된 것이다.

많은 직장인들이 도서나 강의와 같은 학습 과정보다 실전 업무 상황 속에서 직접 몸으로 부딪히면서 배운 것들이 더 도움 된다는 이야기를 한다. 현실은 책에서 배운 대로 진행되지 않고, 언제나 다양한 변수와 문제들이 펼쳐지기 때문이다. 일을 직접 수행해 보면서 의도치 않게 실수와 실패를 반복하고, 다시 이를 수습하면서 얻게 되는 교훈들이 실질적 성장을 이끄는 것이다.

결국 일을 통해서 성장하는 것의 원리는 학창 시절에 우리가 작성했던 오답노트와 매우 닮아 있다. 먼저 발생한 부정적 경험(오답, 실수, 실패)을 거치면서 실력(학습 능력, 업무 능력)이 향상된다는 공통점이 있으니 말이다. 사람은 시행착오를 겪으면서 성장해 간다.

만약 여전히 리더가 하위 구성원에게 업무 기본기를 쌓아 갈 수 있도록 일을 맡긴다 하더라도 변수가 있다. 맡겨진 업무를 구성원이 AI와 함께 진행한다는 점을 고려해야 한다. 초인적 능력을 가진 AI는 사람이 일으키는 오류나 실수를 사전에 완벽하게 예방해 줄 확률이 매우 높다.

그런데 이 경우, 구성원은 업무 처리에 대해서 스스로 생각해 보고, 진행 과정을 되돌아보면서 내재화할 수 있는 기회를 갖지 못하게 될 수 있다. 학창 시절로 비유해 보면 AI 덕분에 애초에 틀리는 문제가 없으니 아예 오답노트에 적을 내용도 없게 되는 것이다. 이러한 상황이 반복적으로 지속된다면, 구성원들이 가지고 있는 잠

재적 역량은 그다지 발전하지 못하고 그 자리에 그대로 머무르게 될 가능성이 크다.

시간이 흘러서 점점 연차는 쌓여만 가는데 역량 수준은 큰 변화가 없게 될 것이다. 만약 조직의 급여체계가 호봉제처럼 근무 기간에 따라 동반 상승하는 구조라면 이는 더욱 악재다. 결국 구성원들의 전반적인 근속 연수는 꾸준히 증가하는 것에 비해 역량 발전의 속도는 미진하여 조직의 경쟁력이 서서히 저하될 것이다. 가까운 미래에 이러한 현상이 만연하게 된다면 '역량 디플레이션'과 같은 신조어라도 만들어서 이름 붙여야 할지도 모르겠다.

일을 통한 성장의 두 번째 방법: 맥락 파악

"나무를 보지 말고 숲을 보라."

이러한 이야기를 많이 들어 봤을 것이다. 단편적인 사건 하나에만 매몰될 것이 아니라 전체 맥락을 바라봐야 한다는 의미이다. 이와 비슷한 이야기를 주니어 시절에 선배들로부터 종종 들은 적이 있다.

"네 상황만 보고 일을 처리하면 상대방은 어떡해. 그쪽 입장도 생각하면서 진행해야지."

내 딴에는 나름 열심히 한다고 집중해서 일을 진행했는데, 업무와 연결되어 있는 여러 이해관계자들을 배려하지 못했음을 피드백 받은 것이다. 지금 내가 처리해야 할 눈앞의 업무만 바라보지 말고 일이 돌아가는 전체 맥락을 생각하라는 조언이었다. 회사라는 조직 안에서 일하는 모든 구성원과 부서들의 일은 사실 모두 연결되어 있다. 각 기능은 구분되어 있지만 크게 보면 하나의 밸류체인(Value Chain)으로 이어져 상호 영향력을 주고받는다. 어느 조직에서나 항상 협업과 소통을 강조하는 이유이다.

작고 사소해 보이는 일이더라도 해당 업무를 진행하다 보면 전체 맥락 구조를 이해할 수 있는 기회가 주어진다. 생각해 보면 보고서 하나를 작성할 때에도 앞뒤로 챙겨야 할 것들이 많이 있었다. 먼저 보고서를 받아 볼 상위 리더의 기대 사항을 알아야 했다. 업무 배경과 의도를 파악하는 것이다. 보고서 내용을 뒷받침할 자료를 모을 때에는 여러 정보도 찾아보고, 주변 동료들의 이런저런 의견도 들어 본다. 이런 과정을 거치다 보면 머릿속에서 맥락 구조가 더욱 명확해진다. 그리고 리더의 'OK' 사인을 받는 보고서를 완성할 수 있었다.

이처럼 일을 통해 성장한다는 것은 주어진 업무에 대한 사전 준비부터 중간의 시행착오들을 거치며 서서히 업무 맥락을 알아 가는 과정이다. 맥락을 조금 더 알게 될수록 시야가 넓어지고, 이전보다 조금 더 큰 역할을 해낼 수 있게 되는 것이다.

AI 시대에도 일을 통해 성장할 수 있을까?

AI가 업무 현장에 깊숙이 스며든 상황에서는 어떠할까? 변화된 환경에서도 구성원들은 일을 통해 충분히 성장할 수 있을까? 모두가 잘 아는 것처럼 AI는 정보 수집, 내용 요약, 자료 정리 등의 업무에 탁월한 능력을 발휘한다. AI는 업무를 작은 단위로 쪼개고, 이를 자동화 및 효율화시킬 수 있는 훌륭한 도구이다. 이런 특징으로 인해 기존 구성원이 기본기를 익히기에 적합했던 작은 단위의 업무들은 앞서 언급했듯이 AI에게로 넘어갈 가능성이 매우 크다.

또한 AI와 함께 일할수록 구성원들이 AI에게 지나치게 의존하는 경향이 나타날 수도 있다. 어떠한 문제 상황에 직면했을 때 구성원들은 스스로 고민해 보는 수고보다 AI에게 바로 맡겨 버리는 편안함을 선택하기가 쉽다. 이처럼 구성원들의 수동적인 학습 태도는 그들의 성장과 발전을 가로막는 장애 요소가 된다. 자신이 맡고 있는 역할과 업무가 전체 업무 흐름 속에서 어떤 의미를 가지는지 이해하지 못하게 되고, 업무 동기와 몰입은 점점 떨어지게 된다.

기다림의 미학

땅에 씨앗을 심고도 4년 동안 지면 위로 겨우 3㎝밖에 자라지 않는 나무가 있다. 바로 중국의 극동지방에서만 자라는 희귀종 '모소 대나무'의 이야기다. 그런데 이 대나무는 땅에 심은 지 5년이 지나면서 날마다 30㎝ 이상을 자라고, 단 6주 만에 그 높이가 약 20m에 육박한다. 주변에는 울창한 대나무 숲까지 만들어 낸다.

이 놀라운 성장의 비결은 무엇일까? 겉으로는 아무런 일도 없어 보였던 4년이라는 긴 시간 동안 땅속에서는 성장을 위한 준비가 일어난다. 아주 깊은 뿌리를 내리며 때를 기다리고 있었던 것이다. 탄탄한 뿌리를 내린 덕분에 대나무는 순식간에 엄청난 성장을 할 수 있게 된다.

사람을 키우는 일도 마찬가지이다. 서툰 모습으로 당장 눈에 보이는 뚜렷한 성과가 없을지라도 성장의 자양분을 쌓아 갈 충분한 기회와 시간을 확보해 주어야 한다. 작은 단위의 일부터 시작해 단계적으로 업무 경험을 쌓아 가며 스스로 고민하게 하고, 주변 동료와의 소통 속에서 전체 맥락을 이해할 수 있도록 해야 한다. 다소 더딜지도 모르겠지만 인재 육성을 위해 리더가 꼭 해야 할 역할이다.

AI 시대 속에서 조직은 점차 극단적인 속도와 효율성을 추구하게 될 것이다. 그로 인해 인재 육성과 같이 시간과 비용이 걸리는 일은 저만치 후순위로 밀려날지도 모른다. 그러나 구성원의 성장에 소홀한 조직에 밝은 미래는 없다. 모든 것이 빠르게 변화하고, 역동적으로 움직이는 상황 속에도 인재가 충분한 뿌리를 내릴 수 있도록 기다려 주는 인내가 필요하다. 당신은 구성원에게 기다림의 미학을 발휘할 준비가 되어 있는가?

업무 관리:
어떤 일을 AI에게 맡겨야 할까?

반성문을 쓴 건 누구였을까?

나의 아내는 중학교에서 교사로 근무하고 있다. 학교에서 여러 학생들을 만나다 보면 참 다양한 일을 겪게 되는데, 최근 있었던 황당한 경험 하나를 이야기해 주었다. 아내가 담임을 맡고 있는 반에서 한 학생이 문제 행동을 일으켰다고 한다. 아내는 해당 학생에게 반성문을 써서 제출하도록 했다. 학생은 다음 날 반성문을 가져와서 아내에게 내밀었다. 반성문을 읽어 본 아내는 뭔가 이상하다는 것을 느꼈다.

"이거 네가 쓴 거 맞아? 반성문이 이상한데?"

학생은 당황한 표정을 숨기면서 자기가 쓴 것이라고 횡설수설 설명을 했다. 그러나 아내는 10년 넘게 근무한 베테랑 교사이다. 아내는 또 한 번 다그쳤다.

"평소에 네가 쓰는 문체도 아니고. 여기에 적혀 있는 내용도 지금 네가 잘못한 상황과 전혀 맞지 않고, 반성문을 무슨 시 한 편 쓰는 것처럼 써 왔잖아. 솔직하게 말해."

선생님의 날카로운 지적에 학생은 고개를 푹 숙였다. 잠시 우물쭈물 망설이더니 천천히 이야기를 꺼냈다.

"사실은 챗GPT한테 써 달라고 했어요."

반성문을 생성형 AI에게 맡길 생각을 했다니! 이럴 수가! 나는 이 황당한 이야기를 들은 뒤 곧바로 그 학생이 지금 몇 학년이냐고 물었다. 중학교 3학년이라고 한다. 암산으로 빠르게 계산을 해 봤다. 내년에 고등학교에 진학하고, 졸업 후에 곧바로 사회생활을 시작한다면 앞으로 빠르게는 4년. 대략 4년 정도가 지나면 이러한 친구들이 회사에 들어와서 같이 일하게 될 텐데 어떡하지 싶었다.

몇 년 전까지 MZ 세대들이 회사에 들어오기 시작했다며 세상이 떠들썩했다. 전혀 다른 가치관과 사고방식을 가진 사람들이 조직에 나타났다고 했다. 기성세대인 리더들이 앞으로 이들을 어떻게 이해하고 이끌어야 할지 설명하는 수많은 책과 강연들이 유행처럼 쏟아졌다.

사실 개인적으로는 한 세대의 공통된 특징이라면서 집단 일반화하는 것을 싫어한다. 집단으로 갈라서 새로운 갈등을 유발하는 것처럼 느껴지기 때문이다. 그럼에도 불구하고 앞으로 우리가 마주할 시대에는 무엇이든 AI에게 물어보는 세대와 그렇지 않은 세대 간의 충돌이 당분간 발생할 것 같다는 생각이 든다. AI가 써 줬다는 반성문을 받아 보고 아내가 느꼈던 황당함을 조만간 기업의 리더들이 느끼게 될지도 모르겠다.

준비되지 않은 리더가 마주할 미래

앞에서 '섀도 AI' 현상을 언급하였다. 조직이 AI를 받아들일 준비가 채 되기도 전에 구성원들은 개인 디바이스 등을 통해서 AI를 업무에 활용하기 시작하고 있다. AI를 업무에서 활용하는 비중 확대와 그 속도는 점차 가속화될 것이 자명하다. 리더만 모르는 상태로 구성원들은 이미 업무에 무분별하게 AI를 활용하고 있을지도 모르겠다.

얼마 전 챗GPT 활용 방법을 가르쳐 준다는 한 교육업체의 SNS 광고 게시물을 우연히 보았다. 여러분께 미리 양해를 구하자면 리더의 입장에서는 이 광고 내용이 조금은 불편하고, 화가 날지도 모르겠다. 해당 광고 속 카피 문구 중 일부를 있는 그대로 옮긴다.

"챗GPT 하나로 팀장 엿 먹이는 방법! 챗GPT 강의 하루 만에 정주행함. 다음 날부터 업무 자동화시켜 놨더니 엑셀, 보고서, 회의록 등 3분 컷! 팀장이 나 일 개열심히 하는 줄 알고 예뻐함. 오늘도 월루 하면서 휴가 계획 짜는 중."

참고로 카피 문구 중에 등장하는 '월루'는 '월급 루팡'을 줄여 말한 것이다. 회사에서 일은 제대로 안 하면서 월급만 슬쩍 가져간다는 의미이다. 한마디로 '월급 도둑' 말이다. 획기적인 업무 도구를 활용해 확보하게 된 귀중한 시간과 에너지를 허투루 낭비하고 있는 것이다.

내가 이끌고 있는 조직 안에 이런 구성원들이 함께 일하고 있다고 생각해 보자. 어쩌면 불편함을 넘어서 불쾌함까지 느낄 수도 있는 일이다. 회사의 앞날이 훤히 보이지 않는가? 하는 척, 바쁜 척만으로 가득 찬 업무 현장. 성장과 혁신 같은 단어는 좀처럼 기대할 수 없는 조직이 될 것이다.

AI 시대를 리더가 제대로 준비하지 않는다면 맞이할 수도 있는 극단적 상황의 예시였다. 그러나 이런 일이 앞으로 현실에서 아예 일어나지 않을 것이라고 장담할 수도 없다. AI를 엉뚱하게 활용하는 조직이 되지 않도록 리더의 전략적인 업무 관리가 필요하다.

전략적 업무 관리가 필요한 이유

회사에서는 '전략'이란 단어를 정말 많이 사용한다. 영업 전략, 마케팅 전략, 홍보 전략, 인사 전략 등 기업에 존재하는 거의 모든 기능에 전략이라는 단어를 붙일 수 있는 것 같다. 어디에나 잘 어울리는 마법의 단어 '전략'의 의미는 어떻게 정의할 수 있을까?

기업에서 활용할 수 있는 자원은 한정되어 있다. 이 제한된 자원을 어디에 투입하는 게 높은 성과를 만들어 낼 수 있을지 우선순위를 정리하고, 선택하는 과정을 전략이라고 한다. 그렇다면 조직을 이끌고 있는 리더가 가지고 있는 가장 큰 자원은 무엇일까?

여러 자원들이 있겠지만 단연코 함께 일하는 구성원들을 첫 번째로 꼽을 수 있겠다. 인사관리를 인적자원관리(Human Resource Management)라고도 표현하는 이유이다. 리더는 인적자원의 시간과 에너지를 어떤 업무에 집중시킬 것인지에 대해 고민하고, 그들이 나아가야 할 방향성을 제시할 수 있어야 한다. 리더에게 필요한 전략은 사람이라는 자원을 '어디에, 어떻게' 투입할 것인가에 대한 판단에서 시작된다.

특히 AI가 업무 현장에서 일상적으로 사용되고 있는 상황을 가정한다면 리더의 전략적 업무 관리는 더욱 중요해진다. 기존에는 사람이 오랜 시간을 붙들고 꼼꼼하게 살펴보면서 몇 번씩을 검토해야 했던 일들이 AI의 도움으로 인해 단 몇 초, 몇 분 만에 가능해지는 등의 큰 변화가 일어나기 때문이다. 일에 투입되는 시간과 에너지가 AI 도입과 확산의 전후로 180도 달라질 것이기 때문에 어떤 업무에 자원을 집중해야 할지 다시 한번 고민이 필요한 것이다. 이제 리더는 AI 도입을 기준으로 업무 포트폴리오에 대한 전면적 재설계를 실행해야 한다.

업무 재설계 1단계: 업무 현황 파악하기

업무 포트폴리오를 새롭게 설계하기 위해서는 크게 3가지 단계를 거쳐야 한다.

[업무 포트폴리오 설계를 위한 3단계]

첫 번째로 해야 할 일은 현황 파악이다. 현재 우리 부서와 구성원들은 어떤 업무에 시간과 자원을 쓰고 있는지 정리해 보는 것이다. 리더와 구성원 각자가 평소에 진행하고 있는 업무들을 모두 나열하고 공유하는 과정이다. 이때 중요한 것은 본인이 생각하는 업무 중요도와 상관없이 사소한 일이라도 일단 모두 끄집어내는 것이다.

별로 중요하지 않지만 관성적으로 진행하던 일이나, 앞으로 없어져도 된다고 생각하는 일들, 진행 방식이 비효율적이라고 생각했던 일들까지도 모두 수면 위로 드러내는 것이 필요하다. 업무를 재설계하는 과정 속에서 자원의 낭비를 줄이는 '워크 다이어트'로 연결될 수도 있기 때문이다.

이때 리더는 구성원들이 업무 현황에 대한 정보를 있는 그대로 공유하도록 이끌어야 한다. 괜한 눈치를 보느라 제대로 된 정보를 공개하지 못하게 된다면, 업무 재설계의 효과성은 떨어질 수밖에 없다.

업무 재설계 2단계: 업무 분류하기

업무 현황에 대한 리스트가 준비되었다면 다음 단계는 업무를 분류할 차례이다. 이때 업무 분류의 기준점은 'AI 활용 가능성'이 되어야 한다.

■ 업무 분류의 기준 1. Automate

첫 번째 기준은 'Automate'이다. 사람보다 AI에게 맡기는 게 훨씬 효율적이고 자동화할 수 있는 일들이 여기에 해당한다. AI가 정확도와 속도를 동시에 챙기면서 스스로 처리할 수 있는 업무가 있는지 살펴보는 것이다. Automate 영역으로 분류할 수 있는 업무는 비교적 단순하고 반복적인 성격에 가까워서, 정확한 업무 처리의 규칙만 세워 놓는다면 굳이 사람이 깊게 들여다보지 않고 AI에게 맡기는 편이 더욱 높은 생산성을 기대할 수 있다.

가령 채용 시 지원자들이 제출한 수많은 이력서를 검토해야 하는 일을 생각해 보자. 지원 서류에 적혀 있는 세세한 항목들을 모두 검토하는 일은 사람이 진행하기에 긴 시간과 노력이 요구된다. 하지만 이를 AI에게 맡긴다면 아주 빠른 속도로 설정해 놓은 기준에 맞춰서 필터링을 할 수 있다.

■ 업무 분류의 기준 2. Collaborate

두 번째 기준은 'Collaborate'이다. 사람과 AI가 함께 협업해야 하는 업무 영역이다. 여기에서는 AI가 단순히 업무 자동화/효율화를 목적으로 하는 보조 도구로만 쓰이는 것이 아니다. AI는 작업자와 함께 서로 의견을 주고받는 동료로서 업무에 참여한다. AI가 제시한 아이디어를 중심으로 인간 작업자가 살을 붙여 가며 구체화하는 작업을 할 수 있다. 반대로 사람이 떠올린 기초적인 생각에 힘을 실어 줄 다양한 근거 자료와 정보를 AI가 채워 가는 방식으로 업무를 진행할 수도 있다.

예를 들어 뉴스레터나 카드뉴스와 같은 홍보물을 제작할 때에 AI와 사람은 함께 시너지를 발휘할 수 있다. AI가 먼저 홍보물 제작을 위해서 기초적인 아이디어를 담은 초안을 제시할 수 있다. 사람은 AI가 제시한 초안을 검토하며, 문장 표현을 섬세하게 다듬거나, 디자인을 수정하는 작업을 거치며 홍보물을 완성할 수 있다. 물론 사람과 AI 간의 역할을 바꿔서 진행해도 무방하다.

■ **업무 분류의 기준 3. Execute**

업무 분류의 마지막 기준은 'Execute'이다. 사람 중심으로 업무를 실행하고, AI의 역할은 보조 도구로만 국한되는 것이다. 아직까지는 AI보다 인간이 더 잘할 수 있는 정서적 공감이나, 인간관계 형성, 구체적인 행동이 수반되어야 할 일, 누군가가 책임을 져야 하는 의사 결정 등과 같은 일들이 해당되겠다.

만약 영업부서가 수주를 위한 입찰경쟁에 들어간다고 가정해 보자. 이때 고객을 설득하기 위해서 프레젠테이션을 진행하거나 구체적 거래 조건을 협상하는 일이 있다. 이 경우에 업무 준비 과정에서 여러 근거 자료를 수집하고 분석하는 일은 AI가 도움을 줄 수 있지만, 실제로 고객을 만나서 자료를 설명하고 제안 조건을 수락하도록 설득하는 소통의 과정은 사람이 중심이 될 수밖에 없다.

나는 AI 시대에 고려해야 할 업무 분류의 기준을 'Automate', 'Collaborate', 'Execute'의 앞 글자를 따서 'ACE 모델'이라고 이름 지었다. ACE 모델을 간단히 요약하면 아래의 표와 같이 정리할 수 있다.

[AI 시대에 고려해야 할 업무 분류의 기준 – ACE 모델]

A	Automate	AI가 자동화할 수 있는 업무 영역 – 사람의 개입 없이도 처리 가능한 반복적이고 규칙적인 업무 – 예시 1. 회의 참가자들의 대화 내용을 요약한 회의록 작성 – 예시 2. 고객 대상 만족도 설문 조사 응답 결과 리포트 작성
C	Collaborate	AI와 사람이 함께 협업하는 업무 영역 – AI와 사람이 함께 작업할 때 생산성이 더욱 높아지는 업무 – 예시 1. AI가 초안 작성 뒤, 사람이 감수를 하며 홍보물을 제작 – 예시 2. 사람이 세일즈 포인트를 제시하고, AI가 제안서를 구현
E	Execute	사람 중심의 실행이 필요한 업무 영역 – AI는 보조 도구로 활용되고, 사람의 고유한 역량이 요구되는 업무 – 예시 1. 면접 진행과 채용 여부 판단 시 AI의 지원자 분석 자료를 참고 – 예시 2. 거래 조건 협상 시 AI의 시장가격 변화 예측 자료를 참고

업무 재설계 3단계: 실행력을 높이는 계획 수립하기

어떤 업무를 ACE 모델에 따라 분류한 뒤에는 구체적인 실행 계획을 수립해야 한다. 우리는 수없이 많은 계획을 세워 봤지만 실제 행동으로 옮기지 못했던 일들이 너무 많았다는 걸 이미 잘 알고 있다. 새해 첫날에 동네 피트니스 센터에 가 보면 사람들이 가득하다. 그런데 그것도 잠깐 아닌가. 일주일만 지나서 다시 가 보면 운동하고 있는 사람이 꽤나 줄어든 것을 볼 수 있다. 계획한 것을 꾸준히 실행하는 건 상당히 어려운 일이다.

계획한 것을 실행으로 옮기기 위해서는 단순히 잘해 보자는 강력한 다짐이 아니라 구체적인 약속이 필요하다. 누가 할 것인지, 어떻게 할 것인지, 언제까지 할 것인지에 대한 세부적인 계획이 필요하다. 그리고 더 나아가 제대로 실행했는지 여부를 어느 시점에 누가 점검할 것인지까지도 명확하게 밝혀야 한다. 아래의 표와 같은 양식을 활용해서 빈칸을 채워 본다면 실행 가능성이 높아지지 않을까? 몇 가지 업무 내용을 예시로 작성해 보았다.

[업무 영역 1. Automate]

업무 영역	Automate(AI로 자동화할 수 있는 일)				
업무 리스트	실행 방안	실행자	실행 시점	점검자	점검 시점
업무 회의록 작성	부서 내 모든 회의 진행 시 '클로바노트' 필수로 활용하기	회의 주최자	회의 종료 후 즉시 공유	회의 내 최상위자	회의 종료 후 1일 내
주요 시장 동향 파악	주요 원자재 가격 변동 최신 뉴스를 'Gemini'로 수집 후 공유하기	구매팀 김○○ 과장	매주 월요일 오전	구매팀장	주간회의 시작 전
…	…	…	…	…	…

[업무 영역 2. Collaborate]

업무 영역	Collaborate(AI와 협업할 수 있는 일)					
업무 리스트	실행 방안	실행자	실행 시점	점검자	점검 시점
브로슈어 제작	브로슈어에 들어갈 핵심 내용을 'Gamma'에 입력 후 초안 도출하기	홍보팀 박OO 프로	세일즈 포럼 D-14일	세일즈팀 최OO 프로	세일즈 포럼 D-7일
계약서 작성	과거 계약서를 '챗GPT' 활용해 개정된 법률 내용으로 수정하기	구매팀 이OO 대리	계약 체결 D-7일	법무팀 강OO 변호사	계약 체결 D-3일
…	…	…	…	…	…

[업무 영역 3. Execute]

업무 영역	Execute (AI는 보조 도구로 쓰고, 사람 중심으로 해야 할 일)					
업무 리스트	실행 방안	실행자	실행 시점	점검자	점검 시점
고객 상담	특정 고객의 과거 문의와 거래 내역을 AI로 분석한 자료를 참고해 상담 진행	영업팀 실무자	고객 미팅 D-1일	영업팀 리더	고객 미팅 동행 시
거래처 변경	AI를 활용해 제안업체의 경쟁력/특징 비교 분석 후 업체 선정 의사 결정	현업 부서 리더	경쟁 PT 진행 후 3일 내	구매팀 책임자	계약 체결 D-1일
…	…	…	…	…	…

그리고 실행력을 높이기 위한 추가 팁 하나! 기왕이면 실행 계획을 나 혼자서만 아는 게 아니라 주변 다른 사람들도 모두 알 수 있도록 공개하는 게 실행의 가능성을 높인다. 만약 부서 단위로 계획한 일이라면 다른 유관 부서들도 해당 계획을 알 수 있게 하는 것이 훨씬 효과적일 것이다. 말과 행동을 일치하게 만들고자 하는 인간의 심리와 주변으로부터의 시선이 신경 쓰이게 되는 공개선언효과(Public Commitment Effect)가 작용되기 때문이다.

업무 혁신의 갈림길 앞에 서 있는 리더

AI는 업무의 속도를 높이고, 자원의 효율적 활용을 가능케 하는 아주 뛰어난 도구이다. 그러나 탁월한 도구가 있다고 모든 조직이 긍정적 미래를 맞이하는 것은 아니다. AI 도입을 통해 절감한 시간과 에너지를 새로운 혁신을 위해 쓰는 곳이 있는가 하면, 전혀 엉뚱한 방향으로 낭비해 버리는 조직도 나타날 것이다. 조직의 차이를 결정하는 것은 리더가 얼마나 AI 시대를 고민하고 준비해 왔느냐에 달려 있다.

업무 현장에서 AI 기술을 활용하는 것이 일상적인 것이 되었을 때를 미리 그려 봐야 한다. 리더는 새로운 업무 환경에서 어떤 기준으로 일을 분류하고, 구성원들이 AI와 함께 일할 수 있도록 구체적인 방향성을 제시할 수 있을지 질문해야 한다.

모든 일에 AI 기술을 당장 도입해야 한다고 주장하는 것이 아니다. 업무의 종류와 특성에 따라서 AI에게 맡겨야 할 일, AI와 함께 해야 할 일 그리고 여전히 사람 중심으로 움직여야 할 일을 구분할 수 있어야 한다.

리더의 충분한 전략적 고민이 없는 AI의 도입과 활용은 조직에 크고 작은 혼란을 불러올 것이다. AI로 확보한 시간과 에너지를 어디에 집중시킬지, 구성원을 어떻게 배치할지, 그리고 어떠한 가치를 함께 창출해 갈 것인지를 판단해 가는 과정이 AI 시대 속 리더가 챙겨야 할 전략적 업무 관리이다.

성과 관리:
어떻게 평가해야 받아들일까?

대표이사께 올리는 한말씀

어느 회사의 사무실. 직원들은 여느 때와 같이 각자의 일에 집중하고 있었다. 그러던 중 몇몇 직원들이 놀란 표정을 지었다. 곧 모든 인원이 모니터를 들여다보았다. 똑같은 화면을 보고 있던 직원들은 이내 웅성대기 시작했다. 모두가 받은 한 통의 메일 때문이었다. 메일의 수신자는 대표이사를 포함해서 약 2만8,000명이나 되는 전체 임직원이었다.

발신자는 메일 본문에서 자신을 입사 4년 차 직원이라고 소개하며 이야기를 시작했다. 그는 PS(초과이익금분배) 제도에 대한 문제를 제기하며 회사에 대한 신뢰가 줄어들고 있다고 강하게 비판하였다. 현재 회사가 운영하고 있는 성과급 지급 기준이 불투명하니 구체적인 근거를 직원들에게 설명해 달라는 요청까지 담겨 있었다.

  이 이야기는 2021년에 모 기업에서 발생했던 일이다. 당시에 워낙 크게 화제가 되어 각종 언론 매체에서도 많이 보도된 내용을 인용한 것이다. 이제 겨우 입사 4년 차가 된 직원이 용기를 내어 보낸 메일은 조직에 큰 반향을 일으켰다. 대표이사는 임직원들의 불만을 달래기 위해 사과의 메시지를 전달해야 했고, 급기야 회장은 자신이 받은 연봉을 모두 반납하겠다는 선언까지 하게 되었다. 경영진의 이러한 노력에도 불구하고 구성원들의 불만은 쉽게 가라앉지 않았다고 한다.

  성과 측정이 정확한지 그리고 평가 방식과 보상 체계가 제대로 연결되어 있는지에 대한 논란은 한동안 지속되었다. 평가에 대한 공정성과 투명성 확보가 구성원이 조직을 신뢰하는 데 얼마나 중요한지를 단적으로 보여 주는 사례였다.

좋은 게 좋았던 시절, 이제 안녕

  시대마다 그때의 사회문화와 분위기, 정서를 잘 표현할 수 있는 시대정신이 있다. 산업화를 통해 고속성장을 하고 있을 때에는 '성장', '경쟁'과 같은 단어가 주목받았다. 외환위기를 겪으며 온 나라가 힘들었을 때에는 '위기', '극복'이라는 단어가 전반적인 사회 분위기를 상징했다. 2000년대 초반 인터넷으로 정보화 혁명이 일어났을 때에는 '연결', '변화'와 같은 단어가 많이 언급되었다.

그렇다면 현재의 시대를 살아가고 있는 사람들에게 가장 중요한 가치는 무엇일까? 많은 단어들을 떠올릴 수 있겠지만 그중에서 하나를 꼽자면 '공정성'이라는 단어를 언급하고 싶다. 입사 4년 차가 반기를 들었던 앞의 사례에서 살펴본 것과 같이 현재의 조직문화는 완전히 달라졌다. 좋은 게 좋은 거였던 시대는 끝났다.

과거에는 상사와 부하 직원 간 '형님', '동생' 하면서 밀어주고 당겨 주는 문화가 통했겠지만, 요즘 구성원들에게는 전혀 통하지 않는다. 지금은 '공정성'이라는 가치가 매우 중요한 시대정신이 되었다. 연차가 어느 정도 차면 암암리에 성과를 몰아줘서 승진시켜 주던 '밀어주기 관행'도 절대로 용납할 수가 없다. 나보다 선배라는 이유 하나만으로 성과평가에서 시원하게 양보해 주는 구성원은 이제 보기 드물다.

반대로 내가 선배가 되었을 때에도 그런 부정한 방식으로 대우를 받을 생각도 당연히 하지 않는다. 조금 더 솔직하게 말하면, 그 위치까지 갈 수 있을지부터 의문을 갖는다. 당장 내년, 내후년에 회사를 계속 다니고 있을지를 장담할 수가 없다. 이들에게는 훗날에 대한 막연한 약속보다 지금 당장의 확실한 결과와 공정한 절차가 더욱 중요하다.

모든 리더들이 느끼는 가장 큰 어려움

리더십 교육을 업으로 하고 있다 보니 교육 현장에서 여러 리더들과 만나 대화를 나눌 일이 많이 있다. 일반 구성원에서 리더로 역할이 변화되는 순간 가장 어려웠던 게 무엇이었는지를 물어보면, 모두가 입을 모아 '성과 관리'라고 대답한다. 누군가로부터 평가를 받던 입장에서 누군가를 평가해야 하는 상황으로 변화되는 것에 큰 부담을 느끼기 때문이다.

더욱이 평가는 보상이나 승진과 직접적으로 연결이 되어 있기 때문에 예민할 수밖에 없다. 조직 안에서 줄 수 있는 재원과 승진의 기회는 한정되어 있다 보니 평가 시즌 때마다 누구를 올리고, 내려야 할지 리더들은 고민이 깊어진다. 특히 앞에서 살펴본 바와 같이 공정성을 최고의 가치로 여기고 있는 구성원들과 함께 일하는 상황에서 리더가 직면하는 어려움은 더욱 크게만 느껴질 것이다.

현재 내가 근무하고 있는 'HSG 휴먼솔루션그룹'에서는 리더의 역량 강화를 위해 약 50가지 주제의 교육과정을 개발하여 제공하고 있다. 의사 결정, 갈등 관리, 문제 해결 등 성공적으로 리더십을 발휘하기 위해 필요한 역량을 중심으로 다양한 주제가 마련되어 있다. 우리는 한 해를 마무리할 때마다 어떤 교육 주제에 대한 수요가 증가하고, 감소했는지를 분석해 본다. 조사 결과를 살펴보면 매해 1위는 변함없이 '성과 관리'이다. 그것도 그냥 1위가 아니라 다른 여타의 주제들과 한참 격차가 벌어진 압도적인 1위이다.

이를 통해 목표는 어떻게 수립하고 관리해야 할지 그리고 공정한 평가를 위해서는 어떤 방법을 활용해야 할지 리더들이 항상 큰 어려움을 가지고 있음을 확인할 수 있다. 많은 리더가 성과 관리의 어려움을 느끼고 있는 현재 상황에 AI의 도입과 확산이라는 변화까지 더해진다면 어떤 일이 생길까?

학교가 마주한 현실

AI로 인해 발생할 조직의 변화를 살펴보기 전에 먼저 미래의 인재를 키워 내는 학교 상황을 참고할 필요가 있다. 교육계에는 교육의 혁신 필요성을 강조할 때마다 자주 인용되는 문구가 있다.

"21세기 학생들을, 20세기 교수들이, 19세기 방법으로 가르치고 있다."

하루가 다르게 변화하고 있는 세상의 흐름 속에서 학교 교육이 얼마나 전통적인 틀 안에 갇혀 머물러 있는지를 비판하는 내용이다. 생성형 AI의 사용이 점점 일상화되고 있는 현시점에 이 문제의식은 더욱 사람들의 공감을 얻을 것이라고 생각한다. 특히 학생들의 AI 활용 범위가 대폭 증가함에 따라 과제 수행 등에 있어서 정확한 학업 능력 평가가 어렵다는 문제가 교육자들 사이에서 크게 주목받고 있다.

2025년에 영국의 고등교육정책연구소(HEPI)가 진행한 연구에서는 대학생 약 1,000명을 대상으로 설문을 실시하였는데, 학교 과제에 있어서 무려 약 92%가 AI를 활용한다고 응답했다. 교사로 근무하고 있는 나의 아내가 경험한 것처럼 반성문 작성도 챗GPT에게 대신 써 달라고 맡기고 있는 마당에 학습 평가와 직결된 과제 수행을 AI에게 요청하는 건 너무나도 당연한 일이 아닐까 싶다.

AI의 도움을 받기 시작한 후로 학생들의 과제 수준이 전반적으로 상향 평준화되었다는 의견도 많이 있다. 생성형 AI는 대규모 언어모델(LLM) 기술을 기반으로 하고 있다. 그러다 보니 데이터 분석 및 처리와 같은 일뿐 아니라 문장을 만들어 내는 것에도 탁월한 능력을 발휘한다. 에세이 작성과 같이 자신의 생각을 논리적인 근거와 함께 글로 표현해야 하는 일들도 AI가 아주 능숙하게 도와줄 수 있다.

결국 학교에서는 과제무용론에 대한 의견이 등장하기도 했다. 학교에서 아예 제도적으로 AI 사용을 금지시키거나 제출한 과제에 대해 AI 탐지기로 표절 여부를 검사하는 절차가 신설된 곳도 나타나고 있다. 더 이상 전통적인 학습 과제 방식으로는 학생들의 학업 능력에 대한 평가 변별력을 확보할 수 없게 된 것이다.

사라져 버린 저성과자

다시 학교에서 기업으로 시선을 돌려 보자. 학교와 마찬가지로 기업에서도 동일한 문제가 발생할 수 있다. 학생들이 과제 수행에 AI의 도움을 받은 것처럼 회사의 구성원들은 업무 수행에 있어서 AI를 적극적으로 활용할 것이다. 직원들은 과거보다 더욱 빠른 속도로 업무를 처리할 수 있게 된다. 더 많은 양의 아이디어를 제시할 것이고, 오류 없이 정확한 결과물을 리더 앞에 가져올 것이다. AI 활용과 함께 전반적으로 구성원들의 업무 역량이 향상된 것처럼 보이게 된다.

물론 정보 유출과 같은 부정적 이슈가 발생하여 업무 현장에서 AI의 사용이 일시적으로 또는 전면적으로 금지될 수도 있다. 이때에는 다시 구성원들의 진짜 실력이 드러날 것이다. 그러나 업무에 AI를 활용하는 상황이 재개된다면 겉보기에는 구성원들의 역량이 향상된 것처럼 보일 것이다.

실제 역량은 종전과 같이 그대로이거나, 오히려 AI에 대한 의존도가 지나치게 높아지면서 능력이 퇴보하는 상황이 발생할지도 모른다. 리더는 AI가 만들어 낸 '역량 착시'에 빠질 수 있음을 경계해야 한다. 역량 착시에 빠지게 되면 마치 조직에 존재하던 저성과자들은 모두 사라져 있고, 함께 일하는 구성원 모두가 뛰어난 능력을 가진 우수 인재처럼 느껴진다.

AI로 인한 역량 착시 현상은 리더들이 공정한 성과 평가를 진행하는 데에 있어서 큰 어려움으로 다가오게 된다. 회사의 평가 방식이 상대평가이든 절대평가이든 구성원이 만들어 내고 있는 성과가 우수한 평가 등급을 주기에 적합한 것인지 결정하기가 어려워진다. 다른 구성원들과 비교했을 때 누구의 성과가 더 높고 낮은지 현명하게 판단할 수 있을까? 어디서부터 어디까지가 구성원의 고유한 능력과 노력으로 만들어 낸 성과인지, 그저 AI에게 기대어 얻어 낸 결과물은 아닌지 구분하는 것도 쉽지 않다.

앞으로는 업무 진행 시 AI를 적절하게 활용하는 것도 하나의 공식적인 능력으로 인정하고, 역량 평가에 'AI 리터러시(Literacy)'와 같은 새로운 평가 항목을 추가해야 하는 것은 아닐지 여러 의견이 충돌할 수도 있다. AI 시대 속에서도 리더들은 조직의 구성원들에게 공정한 성과 평가를 진행하고 있다는 신뢰를 줄 수 있을까? AI가 일상화된 업무 환경하에서 평가 과정의 공정성을 확보하려면 어떻게 해야 할지 리더들의 고민이 필요하다.

놀라운 아내의 통찰력

AI 시대 속에서 공정한 평가 진행의 어려움을 극복하기 위한 방법은 무엇이 있을지 한참 고민해 보았다. 일단 회사 차원에서는 변화한 업무 환경에 맞춰 새로운 평가제도를 설계하거나 효율적인 업무 관리를 돕기 위한 IT 솔루션을 개발하는 등의 복합적인 접근이 필요하다. 그리고 새로운 시스템이나 기술 도입과 동시에 리더 개인 차원에서 발휘해야 할 리더로서의 노력과 행동도 요구된다. 구성원으로부터 나의 리더는 공정하게 평가하는 사람이라는 신뢰를 얻기 위해서 어떤 모습을 갖춰야 할까?

앞에서 교사로 근무하고 있는 나의 아내가 챗GPT로 써 온 반성문을 받아 본 경험을 언급했었다. 아내는 학생이 가져온 가짜 반성문을 읽자마자 다른 누군가가 대필했다는 것을 곧바로 알아차렸다. 아내가 학생의 부정행위를 단번에 잡아낼 수 있었던 비결은 무엇이었을까? 나의 아내에게는 정말로 뭔가 특별한 능력이 있는 걸까? 그래서 나의 작디작은 잘못들도 그렇게 날카롭게 지적할 수 있던 것인가!

일단 아내는 해당 학생의 진짜 실력을 알고 있었다. 평상시 수업 시간에 학생이 보여 주었던 행동을 꾸준히 지켜보았고, 과거에 진행한 시험 성적이나 과제 등을 통해서 학업 능력을 깊게 파악하고 있었다. 그리고 반성문을 쓰게 된 전후 상황에 대해서도 잘 알고 있었다. 이 학생이 어떤 문제 상황으로 인해 잘못된 행동을 일으켰는지, 따라서 반성문에는 어떤 마음가짐과 행동 변화를 하겠다는 내용이 나와야 하는지에 대한 전체 맥락을 꿰뚫고 있었다.

신뢰를 받기 위한 리더의 조건

아내의 비결을 정리해 보면 크게 두 가지였다. 첫째는 역량에 대한 파악이 있었고, 둘째는 맥락에 대한 파악이 있었다. 나는 AI 시대에 리더가 신뢰를 얻기 위해서 갖춰야 할 핵심 조건도 이와 동일하다고 생각한다.

■ 리더의 조건 1. 구성원들의 실질적 역량 파악

첫째로, 리더는 함께 일하고 있는 구성원들의 실질적인 역량을 잘 파악하고 있어야 한다. AI 활용이 일상화가 된 상황에서는 업무 결과만 가지고 구성원의 직접적인 기여도와 AI의 힘을 빌린 정도를 명확하게 구분하기가 매우 어렵다. 만약 리더가 구성원의 실제 역량을 제대로 파악하지 못한 채 평가를 진행한다면 '실력은 없는데 운 좋게 AI 덕을 봤다'거나 '성실하게 노력해 봤자 제대로 알아주지도 않는다'는 등의 불만들이 터져 나올 수 있다.

따라서 리더는 누가, 어떤 업무에, 어떤 방식으로 기여했는지를 명확하게 파악할 수 있어야 한다. 각 구성원이 업무에서 발휘할 수 있는 강점과 향후 보완이 필요한 부분은 무엇인지 알고 있어야 한다. 업무 수행에 요구되는 충분한 지식과 스킬을 갖추고 있는지 수시로 점검해야 한다. 또한 구성원이 가지고 있는 태도와 성향은 업무 수행에 어떤 영향을 미칠지도 고려해야 한다. 이렇게 구성원의 종합적인 역량을 파악하기 위해서는 리더의 꾸준한 관심과 관찰하려는 의도적인 노력이 요구된다.

■ 리더의 조건 2. 수행 중인 업무의 상황적 맥락 파악

둘째로, 리더는 구성원이 수행하고 있는 업무에 대하여 상황적 맥락을 파악하고 있어야 한다. 단순히 구성원들로부터 일의 결과만 받아서 평가하려는 모습이 아닌 업무의 진행 과정에 함께 참여하는 모습을 보여야 한다. 구성원이 처해 있는 현실적인 업무 상황과 연결고리들을 제대로 이해하고 실질적인 지원을 하려는 노력이 필요하다. 가령 구성원의 업무 진행이 반복적으로 지연되고 있다면 리더가 적극 개입해 병목현상이 일어나고 있는 지점은 어디인지 파악하고, 함께 원인을 찾아서 해결해 주어야 한다.

AI를 활용하면서 구성원들이 산출해 낸 업무의 성과는 결과적으로 상향 평준화되겠지만 각자의 진행 과정은 모두 다르다. 업무의 난이도, 협업 구조, 제약 조건 등이 상이하여 단순히 결과만 가지고 평가한다면 구성원의 수용도는 떨어질 수밖에 없다. 일이 진행될 때 앞뒤 상황은 어떠했고, 그 과정 안에 어려움은 무엇이었는지, 이를 극복하기 위해서 구성원은 어떠한 노력을 해 왔는지 맥락을 알고 있는 리더가 공정한 평가를 진행한다고 인식할 것이다.

공정한 평가가 되려면

공정성은 현대를 살아가는 구성원들이 중요하게 생각하는 최고의 가치이다. 공정한 성과 평가는 단지 잘 설계된 제도만으로 이루어질 수 있는 것이 아니다. 리더가 얼마나 성실하게 구성원을 관찰했고, 업무 현장의 전체 맥락을 깊이 있게 이해하면서 판단하는지에 달려 있다.

조직 내에 AI 활용이 급격하게 확산되면서 평가의 기준은 더욱 모호하고 어려워지고 있다. 모호할수록 리더의 역할은 더욱 명확해진다. 구성원이 가지고 있는 역량의 수준을 정확하게 인지하고, 해당 구성원의 업무 진행 과정에 함께 참여해야 한다.

AI 시대에도 신뢰받는 리더가 되기 위해서는 AI가 만들어 낸 역량 착시 속에서도 함께 일하는 구성원의 진짜 역량을 발견할 수 있어야 한다. 또한 모두가 비슷해 보이는 업무 성과들 사이에서 어떤 노력과 과정을 거쳐서 나온 결과물들인지 구별할 수 있어야 한다. 신뢰할 수 없는 리더가 진행한 평가였다면, 그 평가의 결과 역시 구성원은 신뢰할 수 없을 것이다. 단순한 결과물만 가지고 판단하는 리더가 아닌 업무의 맥락을 알고 있고, 함께 참여했던 리더가 내린 판단일 때에 구성원들은 공정하다고 느낄 것이다.

문화 관리:
앞으로 어떤 조직문화가 필요할까?

조직문화 키워드 변천사

주말이 되면 종종 서점에 가 본다. 서점에 갔을 때 가장 먼저 눈에 들어오는 코너는 역시 '베스트셀러'이다. 현시점에 가장 많이 판매되고 있는 인기도서들이 진열대에 잘 정리되어 있다. 진열되어 있는 도서들의 제목을 살펴보면 요즘 사람들은 어떤 이슈와 키워드에 관심이 많은지 단번에 파악할 수 있다. 그런데 몇 주 후에 다시 서점에 방문해 보면 '베스트셀러' 코너에는 또다시 새로운 책들이 자리를 차지하고 있음을 확인할 수 있다. 그사이에 세상의 관심사가 바뀌어 버린 것이다. 급격하게 변화하는 시대에 맞춰서 트렌드도 아주 빠르게 움직인다.

많은 기업들의 조직 내 이슈를 다루는 컨설팅 비즈니스에 오랫동안 몸담고 있다 보니 조직문화도 서점의 베스트셀러 진열대와 비슷하다는 생각을 할 때가 있다. 시장과 경영환경의 변화 흐름에 따라서 수많은 조직문화와 관련된 키워드가 새롭게 등장했다가 사라지기를 반복한다.

코로나 19가 가져온 충격으로 전 세계가 펜데믹에 빠져 있을 때에는 단연코 '리모트워크'에 대한 이야기가 화제의 중심이었다. 이후 시간이 지나 엔데믹이 되고 나니 다시 구성원들이 모여서 일하는 상황으로 돌아왔고 기업들은 '팀 빌딩', '워크웨이'와 같은 단어들을 강조하게 되었다.

한동안은 'MZ 세대' 사원들이 조직에 새롭게 등장했다며 이들과 어떻게 일해야 하는지 난리 법석이었다. 그런데 지금은 세대 특성과 같이 집단으로 구성원들을 구분 지을 것이 아니라 개개인의 '다양성'을 어떻게 '포용'할 것이냐에 대해서 더욱 고민해야 하는 시대가 되었다. 물론 'M.A.G.A(Make America Great Again)'라고 적혀 있는 빨간 모자를 즐겨 쓰는 강력한 한 지도자가 다시 돌아옴에 따라서 다양성에 대한 이야기는 빠르게 사라지고, 또다시 새로운 키워드가 주목받게 될지도 모르겠다.

그 시절에 그것에 집중했던 이유

앞으로 다가올 조직문화 트렌드에 대한 날카로운 예측도 중요하지만, 이미 지나간 과거에 대해서도 복기(復棋)해 보는 일도 상당한 의미가 있다고 생각한다. 우리는 '역사는 반복된다.', '유행은 돌고 돈다.'와 같은 말 표현을 자주 언급하지 않는가! 그때 그 시절에 기업들은 왜 그 키워드에 주목했었는지를 성찰하다 보면 다가올 내일을 맞이하기 위한 새로운 교훈을 얻을 수 있다.

펜데믹 시절에 우리는 한 물리적 공간에 모일 수 없는 상황 속에서도 비대면이라는 장벽을 극복하고 함께 소통하는 방법을 찾기 위해서 리모트워크에 집중했다. 기존 구성원들과 사뭇 다른 가치관을 가졌다는 새로운 세대들이 나타났을 때는 어떠했나? 그들을 이해하고, 조화를 이루면서 원활하게 소통하고자 세대 특성에 관심을 가졌다. 지금은 세대를 뛰어넘어서 정치, 인종, 종교, 출신, 취향 등 각자의 고유한 개성을 틀림이 아닌 다름으로 받아들이며 소통하고자 다양성과 포용성의 개념을 강조하고 있다.

기업이 처한 시대 상황과 경쟁 환경에 따라서 그 형태와 표현은 다양한 모습으로 달라져 왔다. 하지만 결국 그 출발점은 조직 내 구성원들이 효과적으로 소통하기 위한 고민이 아니었을까 싶다. 높은 성과를 만들어 내기 위해서 구성원들이 함께 활발한 소통을 하는 것에 대한 고민은 과거에도, 지금도, 그리고 앞으로도 변함없이 이어질 것이다.

앞에서 서점에 갈 때면 가장 먼저 눈에 들어오는 곳은 '베스트셀러' 코너라고 언급을 했었다. 그런데 실제로 내 방의 책꽂이에서 가장 손이 자주 가고, 그 내용이 오랜 시간 마음에 남아서 다시 펼쳐 보게 되는 책은 결국 '스테디셀러'이다. 스테디셀러는 오랜 기간 동안 심지어 세대를 넘어서까지 독자들로부터 꾸준한 사랑을 받는다. 조직문화와 관련해서도 스테디셀러가 있다면 바로 '소통'이 대표적인 키워드가 아닐까 싶다.

직장인들의 업무 고립

다가오고 있는 AI 시대에도 '소통'은 조직문화와 관련하여 가장 중요한 키워드 중 하나가 될 것이다. 구성원들이 AI와 함께 업무를 진행하는 비중이 커지면 커질수록 조직 내 소통과 관련하여 겪게 되는 문제 상황이 많아질 수 있기 때문이다.

일단 AI와 처리하게 되는 단독 업무가 증가함에 따라 동료들과 함께 협업할 수 있는 기회 자체가 대폭 축소될 것이다. 과거에는 대면회의, 협업 등을 진행하는 과정에서 다양한 구성원들과 자연스럽게 관계성을 쌓아 갈 수 있는 기회가 제공되었다. 그러나 AI가 업무 파트너로서의 역할을 대신하면서 구성원은 점점 개인적으로 혼자서 일을 처리하는 것에 더욱 익숙해진다.

이러한 혼자만의 업무 진행의 경험이 쌓이다 보면 타인과 협업하는 것보다 단독으로 일하는 게 더 효율적이라는 인식을 가지게 된다. 결국 동료 간 유대 관계를 쌓는 일에는 관심도가 매우 떨어져 조직 안에서 개인의 고립화 현상이 발생할 가능성이 높아진다.

또한 조직 내 동료들과의 소통 기회가 지속적으로 줄어들다 보면 구성원들의 소통 기술 수준도 점차 약화될 수밖에 없다. 조직 안에서 활발하게 소통한다는 것에는 다양한 사람들과 토론하면서 서로의 의견을 교환하는 일이 포함된다. 반대의 입장일 때 상대방을 설득하고, 협상해 가는 과정도 소통의 일부이다. 때로는 서로의 다른 주장이 충돌해 갈등이 발생하기도 하고, 건설적인 대화를 통해 이를 해결하는 과정을 거치기도 한다.

소통에는 이처럼 다양한 대인관계의 기술이 복합적으로 구성되어 있다. 그런데 AI 중심의 업무 환경에서는 구성원들이 소통 역량을 발휘할 기회 자체가 줄어든다. 그러다 보니 조직 전반적으로 업무적 소통의 수준이 저하될 가능성이 있는 것이다. AI와 함께하는 업무 환경 속에서도 소통하는 조직문화를 유지하거나 더욱 발전시키려면 어떤 방식으로 이 문제를 접근해야 할까?

더하기 & 빼기

직장인이라면 누구나 2년에 한 번씩 건강검진을 받는다. 나도 올해에 정기 검진을 받았는데, 며칠 전 검사 결과 리포트를 병원으로부터 받아 보게 되었다. 지난번보다 체지방도 조금 늘었고, 콜레스테롤 수치도 여전히 높다면서 혈액 순환을 주의하라는 결과를 확인할 수 있었다. 나이를 먹으니 어쩔 수가 없나 보다! 조금 슬퍼진다.

아무튼 건강 신호에 경고등이 떴으니 개선을 위한 계획을 마련해야 한다. 지금 당장 나는 무엇을 해야 할까? 다행히 건강검진 리포트에는 전문의가 원활한 혈액 순환을 위해 무엇을 해야 하는지에 대한 몇 가지 권고 사항이 함께 적혀 있었다.

"달리기, 수영 등과 같은 유산소 운동량을 늘리십시오."
"살코기, 생선, 두부 등과 같은 단백질 함량이 높은 음식 섭취량을 늘리십시오."
"평소 음주를 즐기는 편이라면 음주량을 줄이십시오."
"치킨, 피자, 기타 패스트푸드와 같이 기름진 음식의 섭취량을 줄이십시오."

건강해지기 위해서 해야 할 것들은 결국 늘리거나 줄여야 하는 것으로 구분할 수 있었다. 건강한 신체를 위해서 원활한 혈액순환이 꼭 필요한 것처럼 건강한 조직문화를 위해서는 원활한 소통이 필수 조건이라고 생각해 보자. 조직 내 소통문화를 구축하기 위해서 리더가 늘리거나 줄여야 하는 것들을 생각해 본다면 무엇이 있을까?

소통하는 문화를 위해서 더해야 할 것

먼저 늘려야 할 것은 무엇인지 떠올려 보자. 앞의 내용에서 언급했던 것처럼 AI 시대에는 사람 간의 만남 기회 자체가 현저히 부족할 것으로 예상된다. 따라서 리더는 구성원들끼리 직접 대면하여 대화를 나눌 수 있는 상황을 자주 만드는 시도를 늘려야 한다.

이를 위해서 업무 시작 전에 짧게 각자 오늘의 업무 상황을 공유할 수 있도록 스크럼(Scrum)을 진행할 수 있다. 주간 회의를 시작하기 직전에 각자 주말을 어떻게 보냈는지 스몰토크를 나누며 잠깐의 시간을 사용하는 것도 좋겠다. 정기적으로 여러 구성원들과 점심 식사나 티타임을 돌아가면서 진행하는 것도 좋은 방법이 될 것이다.

구성원들과의 대화 속에서는 칭찬과 인정하는 표현을 늘려 가야 한다. 잘한 것, 개선된 것에 대해서는 공개적으로 자주 표현해 보자. 노력하는 모습을 관찰했다면 격려의 메시지도 늘려 가면서 구성원의 변화 시도를 응원하는 게 바람직하다. 조직 안에서의 긍정적인 대화 경험이 쌓여 갈수록 소통하는 조직문화가 정착될 것이다. 그러기 위해서는 리더부터 앞장서서 구성원들과 진정으로 소통하려는 모습을 더욱 자주 보여 줘야 한다.

소통하는 문화를 위해서 줄여야 할 것

　소통하는 조직문화를 위해서 줄이거나 제거해야 할 것은 무엇일까? 조직 내 소통을 가로막는 다양한 장애 요소들을 떠올려 보고, 이를 개선할 방법을 찾아봐야 한다. 만약 회의를 진행할 때마다 구성원들은 입을 꾹 닫고 있고, 리더 혼자서 일방적으로 이야기를 하고 있다면 회의 시간 내 리더의 발언을 줄여야 한다.

　'인정'과 '칭찬'하는 말 표현이 늘려 가야 하는 것에 해당했다면 반대로 '비난'하거나 '판단'하는 뉘앙스의 말 표현은 앞으로 줄여 가야 한다. 특히 리더의 업무 피드백 스타일이 그럴 경우에는 구성원을 심리적으로 위축시켜 조직 안에서 더욱 소통이 어려워질 것이다.

　업무 진행 시 AI에게 과하게 의존하는 경향이 있다면, 특정한 업무 영역에 있어서만큼은 AI 활용의 정도를 줄여 가는 시도도 필요하다고 생각한다. AI에게 물어보기 전에 주변 동료들에게 먼저 물으며 의도적으로 대화를 나누도록 하는 것이다. 구성원들끼리 노하우와 경험을 자연스럽게 공유하면서 소통하는 조직문화를 만드는 데 도움이 될 것이다.

　물론 각 조직마다 가지고 있는 특징은 모두 다르다. 처해 있는 상황에 따라서 취할 수 있는 방법도 달라져야 할 것이다. 지금 내가 이끌고 있는 조직에서는 소통의 문화를 구축하기 위해서 무엇을 더하고, 덜어 내면 좋을지 고민해 보도록 하자.

결국 핵심은 소통

변화를 맞이할 때마다 리더들은 조직문화에 대한 여러 고민들을 해 왔다. 이제는 AI 기술을 중심으로 또 다른 큰 변화가 다가오고 있다. 이에 대응하기 위해서 리더들은 어떤 제도가 필요할지, 일하는 방식은 어떻게 바뀌어야 할지 등의 다양한 질문을 받게 될 것이다.

수많은 고민과 질문들이 주어지겠지만, 근본적 원인은 명료하다. 결국 변화된 환경에서도 구성원들이 서로 긴밀하게 소통하는 조직이 되길 바라는 것이다. AI를 활용해 일의 효율성을 극대화하면서도 동시에 구성원들의 신뢰와 조화를 잃지 않는 소통의 조직문화가 필요하다.

건강한 조직문화를 만드는 일은 쉽지 않다. 특히 AI 도입으로 인해 마주하게 될 변화 상황은 그동안 리더가 한 번도 경험해 보지 않았기 때문에 더욱 생소하게 느껴질 것이다. 그리고 대처하는 과정에 또 다른 여러 어려움들이 발생할 것으로 보인다. 처음 마주할 상황을 앞두고 리더는 선제적으로 변화해야 한다. 리더가 어떤 생각을 가지고, 어떤 방향성을 제시하느냐에 따라 조직문화의 모습도 영향을 받기 때문이다.

AI 시대에 성공적으로 조직과 구성원을 이끌어 가기 위해서 리더에게 필요한 핵심 역량은 무엇일지에 대한 고민이 필요하다. 다음 장에서는 변화 속 리더가 갖춰야 할 핵심 역량은 무엇인지 살펴보도록 하겠다.

3부

AI 시대, 리더에게 필요한 역량은 무엇인가?

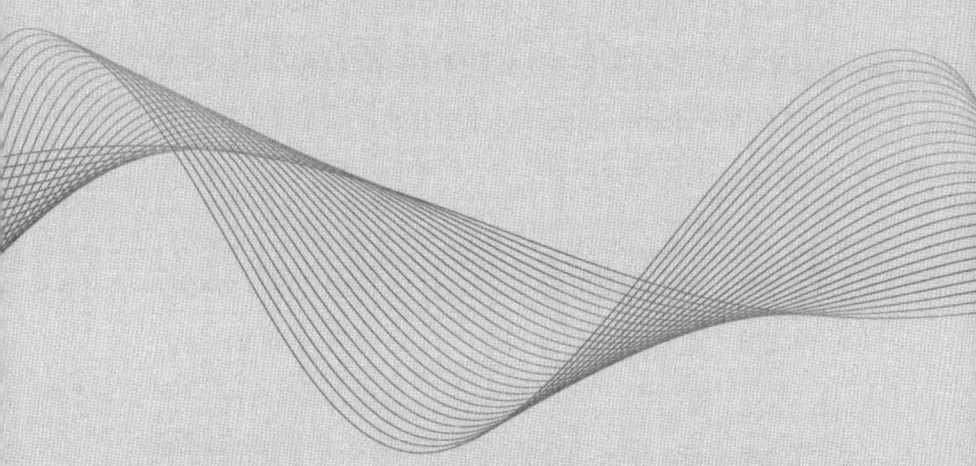

NEW LEADERSHIP IN THE AI ERA

선택이 아닌 필수가 된
AI 리터러시

이리 치이고, 저리 치이는 팀장의 애환

갑작스럽게 김 상무로부터 호출이 떨어졌다. 연락을 받자마자 박 팀장은 부랴부랴 업무수첩을 들고 김 상무의 집무실로 달려갔다. 평소 성격이 급한 김 상무는 박 팀장이 자리에 앉기도 전에 이야기를 꺼내기 시작했다.

김 상무　대표님이 얼마 전에 조찬포럼 다녀오신 거 알고 있지?
박 팀장　네. 지난주에 경영자 모임 있다고 하셨던 거 말씀하시는 거죠?
김 상무　그래. 맞아. 거기에서 무슨 강연을 하나 듣고 오셨나 보더라고. AI 기술 어쩌고.
박 팀장　(무언가 불길한 예감을 느끼며) 아, 그런가요? 뭔가 말씀을

김 상무 하시던가요?

김 상무 조금 전에 임원 회의를 했는데 우리 회사도 전격적으로 AI를 도입하자고 하시네.

박 팀장 갑자기요? 그게 갑자기 되나요?

김 상무 사업부마다 AI 활용 계획을 다음 주까지 제출하기로 했어. 자네가 좀 해 봐.

박 팀장 네? 제가요? AI 활용 계획을 만들어 보라고요? 저도 잘 모르는데….

김 상무 당신 아니면 누가 해. 자네가 컴퓨터도 잘 다루고, 평소에 아이디어가 좋잖아.

박 팀장 (깊은 한숨이 섞인 목소리로) 후우. 일단 알겠습니다.

김 상무의 집무실에서 나온 박 팀장의 얼굴에는 수심이 가득하다. AI라면 한참 유행했던 지브리 스타일 사진을 만들 때나 몇 번 써 본 게 다인데 당장 AI 활용 계획을 제출하라니. 어디서부터 시작해야 할지 막막함이 밀려온다. 여기 또 다른 상황으로 난처한 최 팀장의 이야기도 살펴보자.

최 팀장 이 대리! 내일 급하게 거래처와 미팅을 하게 되어서 제안서 하나 부탁할게.

이 대리 갑자기요? 어제 요청하신 회의록이랑 보고서 정리도 아직 많은데….

최 팀장　그래? 아직 다 못 했구나? 내일 미팅에 가져갈 제안서도 중요한데 말이야.

이 대리　먼저 주셨던 자료부터 다 정리하려면 오늘 안에는 힘들 것 같아요.

최 팀장　혹시 그 자료 정리 말이야. AI로 안 되나? 누군가 금방 했다고 들었는데….

이 대리　팀장님. 저는 AI 잘 몰라요. 팀장님께서 가르쳐 주시면 할게요.

최 팀장　나도 옆 부서에서 누가 그렇게 했다고 듣기만 한 거라서 잘 몰라.

이 대리　나중에 알려 주시면 해 볼게요. 지금은 못해요.

최 팀장　그래 알겠어. 그럼 하고 있던 자료 정리 잘하고. 제안서는 내가 알아서 할게.

최 팀장은 밤늦게까지 사무실에 남아서 내일 미팅을 위한 제안서 작업을 마쳤다. 자료를 정리한다던 이 대리는 언제 마무리를 했는지 자리에 없다. 이 대리의 자리에만 모니터가 켜져 있어서 전원을 꺼 주려고 가 보니, 화면에는 챗GPT에게 회의록과 보고서를 정리하라는 프롬프트를 입력한 대화창이 띄워져 있었다. 허탈함에 최 팀장의 머리가 순간 멍해진다.

위에서 살펴본 박 팀장과 최 팀장의 이야기는 허구로 만들어 낸 것이다. 하지만 AI가 점점 업무 현장에 깊숙하게 들어오면서 언제든지 리더가 실제로 겪을 수 있을 만한 상황이다. 박 팀장과 최 팀장에게는 어떤 역량이 필요했을까? 이들에게는 바로 'AI 리터러시'가 없었다. 만약 두 팀장이 충분한 AI 리터러시를 가지고 있었다면 막막함과 허탈함을 느낄 필요가 없었을지도 모른다. 그렇다면 AI 리터러시는 무엇일까?

앞으로 가장 필요한 1순위 역량

AI 리터러시의 의미를 먼저 살펴보자. AI Literacy. 단어를 한국어로 단순 번역을 하자면 '인공지능 문해력' 정도가 되겠다. 이를 놓고 여러 개념적 정의들이 있는데 종합해서 한 문장으로 정리해 보면 다음과 같다.

> AI에 대한 높은 이해를 바탕으로 업무상 여러 문제들을 해결하는 데 AI를 적절하게 활용할 수 있는 능력

AI 리터러시는 AI가 일상화된 시대에서 가장 기본적으로 요구되는 역량이라고 볼 수 있다. 2025년에 링크드인이 발표한 가장 빠르게 성장하고 있는 기술 목록(Skills on the rise)에서 1위를 차지한 것이 바로 AI 리터러시이다.

만약 앞의 이야기에서 등장한 박 팀장이 높은 AI 리터러시를 가

진 사람이었다면, 당장 AI 도입에 대한 아이디어를 가져오라는 지시에 당황하지 않았을 것이다. AI가 가지고 있는 특징과 현재 우리 회사의 상황을 고려해 보았을 때, 어떤 부분에 있어서 도입의 가능성이 있는지 떠올릴 수 있을 것이다. 또는 어떤 현실적 제약 때문에 당장 도입이 어려운지를 설명하여 상위 리더를 이해시키고, 다른 대안을 제시할 수도 있었을 것이다.

밤늦게까지 야근을 했던 최 팀장은 어떨까? 그에게 충분한 AI 리터러시 역량이 있었다면 상황이 달라졌을까? AI를 잘 모른다는 팀원을 앞혀 놓고 작업 시간을 획기적으로 줄일 수 있는 AI 활용 방법을 코칭해 줄 수 있었을 것이다. 또는 최 팀장 스스로가 적절한 AI Tool을 활용하여 큰 시간과 노력을 들이지 않고도 업무를 빠르게 마무리할 수 있지 않았을까?

AI 리터러시를 키우는 3단계

AI 리터러시를 갖춰야 한다고 해서 모든 리더가 AI의 복잡한 기술 구조나 세부 정보까지 해박하게 알고 있어야 한다고 주장하는 것은 아니다. 직장 내에서 AI의 도입과 활용에 대한 다양한 의견을 주고받을 수 있을 정도의 기본적 수준은 가지고 있어야 한다는 것이다.

만약 구성원 누군가가 용기 내어 AI 도입 아이디어를 가지고 왔을 때 잘 알지도 못하면서 그 의견을 깎아내리거나, 반대로 앞서 나가는 기대감으로 김칫국부터 한 사발 시원하게 들이키며 부담을 주는 일은 없어야 하지 않겠는가. 무지로 인해 발생하는 불상사만큼은 막기 위해서라도 AI 리터러시를 단계적으로 키워 가야 할 필요가 있다.

그렇다면 AI를 단 한 번도 사용해 본 적 없고, 전혀 모른다는 전제조건으로 접근해 보겠다. 나의 부모님께 설명드린다는 마음으로!

[AI 리터러시를 키우기 위한 3단계]

■ 1단계: 관심

첫째는 '관심'이다. 사람이든 기술이든 가까워지기 위한 첫출발은 관심을 갖는 것에서부터 시작한다. 관심을 두지 않으면 알아보려는 시도는커녕 나와 전혀 상관없는 것으로 여기고 멀리하게 된다. AI를 그저 뉴스에서나 한 번씩 언급되는 흥미로운 소재 정도로 생각할 수도 있다. 또는 미래를 예측하고 논하는 전문가들만 다룰 수 있는 아주 큰 이야기처럼 느껴질 수도 있다.

그러나 AI는 알게 모르게 이미 우리 생활 깊숙이 들어와 있다. 모든 게 바뀔 거라는데 그럼 내 일상은 어떻게 변하게 될지, AI로 인해서 전보다 뭔가 조금 더 편리해지는 게 있을지 생각해 보는 기대감 정도면 충분하다.

■ 2단계: 시도

둘째는 '시도'이다. 아주 작은 것부터 사용해 보도록 하자. 정보 검색으로 시작하는 게 가장 무난하다. 궁금한 게 생기면 즐겨 사용하던 네이버와 같은 검색 사이트에 들어가지 않고, 챗GPT나 제미나이(Gemini)와 같은 생성형 AI를 찾아가면 된다. 알고 싶은 게 무엇이든 일단 묻기만 하면 된다. 그 후에는 생성형 AI가 알아서 대답해 준다. 아주 친절한 상담사와 대화를 나눈다고 생각하면 된다.

만약 여행을 갈 계획이 있다면, 어디에 여행을 갈 것인지 AI에게 이야기하고 그곳에서 가 볼 만한 곳을 알려 달라고 요청하면 된다. AI는 아주 성실하게 답변을 해 줄 것이다. 더 나아가 답변을 할 때마다 자신이 어떤 걸 추가로 도와줄 수 있는지 친절한 가이드까지 제공해 준다.

■ 3단계: 학습

셋째는 '학습'이다. 작은 시도를 이어 가다 보면 생성형 AI의 능력에 감탄하면서 이 녀석이 도대체 어떤 일까지 가능한지 궁금해지기 마련이다. 그리고 어떻게 사용해야 더 좋은 결과를 얻어 낼 수 있는지 알고 싶어진다. 이때부터 각자 선호하는 방법으로 공부를 시작하면 된다.

유튜브에서 AI 활용에 대한 설명이 담긴 영상 중 마음에 드는 것을 보며 따라 해 봐도 큰 도움이 된다. 나처럼 아날로그 학습 방식을 선호한다면 학습용 도서 하나를 구해서 읽어 보면 된다. 몇 가지 활용 팁만 알게 되어도 어디 가서 AI 준전문가 소리를 들을 수 있다. 많은 사람들이 '관심'과 '시도'까지는 하더라도 '학습'까지 하는 사람은 거의 드물기 때문이다.

AI 시대의 기본 소양, AI 리터러시

AI 시대는 더 이상 먼 미래의 이야기가 아니다. 이미 AI는 우리의 일상과 조직 곳곳에 깊숙이 자리하고 있다. AI 도입과 활용이 빠르게 확산되면서 리더가 느끼는 막연한 두려움과 부담도 함께 커질 수 있다. 하지만 모든 리더가 AI에 대한 거창한 기술 전문성을 보유할 필요는 없다. 중요한 것은 AI 시대를 살아가기 위한 기본 소양을 갖추는 것이다.

AI에 대해서 잘 이해하고, 적절하게 활용할 수 있는 역량인 AI 리터러시를 꾸준히 키워야 한다. 첫술에 배부를 수는 없다. AI에 대해서 관심을 가지고, 작은 시도를 반복하며, 꾸준히 배우는 노력이 이어져야 한다. '관심-시도-학습'의 3단계를 유지하는 리더가 된다면 AI 중심으로 일하는 새로운 환경 속에서도 유연하게 대처할 수 있을 것이다.

CLEAR한 업무 지시의 기술

그저 하라는 대로 했을 뿐인데

유튜브에서 한 노부부의 일상이 담긴 영상 하나를 우연히 보았다. 집안일을 하던 아내는 외출한 남편에게 전화를 걸었다. 집에 돌아오는 길에 간단히 장 좀 봐 달라는 부탁을 하려는 것이었다.

"여보. 이따가 들어올 때 장 좀 봐 줘."
"그래. 알겠어. 뭐 사 가야 하는데?"
"치킨타올 하나랑, 밀가루 하나랑, 다시다 하나. 이렇게 사 와."

잠시 후 집에 돌아온 남편을 보고 아내는 복장이 터졌다. 남편의 손에는 갓 튀긴 따끈따끈한 프라이드치킨 하나와 빳빳한 수건 하나가 들려 있었기 때문이다. 곧바로 아내의 불호령이 떨어진다.

"주방에서 닦는 치킨타올을 사 오랬더니 치킨을 왜 사 왜! 치킨을!"

남편의 표정에는 억울함이 가득하다. 그저 아내가 사 오라는 대로 사 왔을 뿐인데 말이다. 지켜본 사람은 웃기고, 남편은 억울하면서, 아내는 답답한 이 상황. 과연 누가 잘못한 걸까? 가만히 생각해 보니 나의 어머니도 '키친타올'을 항상 '치킨타올'이라고 하시던데 우리 아버지는 잘 계시는지 괜히 걱정이 된다.

부끄러운 나의 예전 모습

직장 생활을 하다 보면 여러 리더들을 만나게 된다. 어떤 리더가 업무 지시를 내리면 당장 무엇부터 시작하고, 일의 진행을 어떻게 해 가야 할지 머릿속에 금방 밑그림이 그려진다. 반면에 지시 사항을 재차 물으며 두 번, 세 번을 다시 들어 보아도 뭘 하라는 것인지 도무지 감이 잡히지 않는 리더들도 여럿 만나 보았다. 겨우 지시의 맥락을 파악해서 일을 해 갔더니만 자기가 말한 건 이게 아니었다며 왜 이렇게 일머리가 없냐는 타박을 들었던 경험도 있다. 리더의 타박처럼 그 구성원은 정말로 일머리가 없는 사람인 걸까?

지금으로부터 십 년도 넘게 지난 나의 부끄러운 에피소드 하나를 꺼내고자 한다. 그때 나는 교육 장소를 세팅하고 있었다. 책상 배치 등 기본적인 정리를 마치고 교육 시작을 이제 막 10분 정도 앞두고 있었다. 마지막으로 빔 프로젝터를 켜면서 화면이 잘 나오는지 점검을 하려고 보니 강의장에 노트북이 없다는 사실을 발견하였다. 이제 교육생이 들어올 시간이 얼마 남지 않아 사무실에 있던 인턴에게 재빨리 전화를 걸었다. 나는 다급한 목소리로 이야기했다.

나   종찬아! 여기 201호 강의장인데! 노트북이 없다. 얼른 노트북 들고 와 줘!

전화를 끊자마자 인턴은 9층 사무실에서 강의장이 있는 2층까지 헐레벌떡 비상구 계단으로 뛰어 내려왔다. 숨을 몰아쉬면서 인턴은 노트북을 나에게 건네주었다. 노트북을 받으며 나는 인턴에게 다시 물었다.

나   가져오느라 고생했다. 그런데 노트북 전원 케이블이랑 마우스는 어디 있어?
인턴   네? 아까 노트북을 가져오라고 하셔서. 저는 노트북만 가져온 건데요.

나는 한숨을 크게 한 번 쉬고서 9층에 있는 사무실로 얼른 뛰어 올라가 전원 케이블과 마우스를 다시 챙겨 와야 했다. 애초에 내가 업무 요청을 잘못한 탓이었다. '강사가 하루 종일 노트북을 사용해야 하니 전원을 연결할 수 있는 케이블이 필요하다.', '강의 중에 노트북을 활용한 시연도 예정되어 있으니 마우스까지 포함해서 가져와야 한다.'라고 정확하고 구체적인 설명을 했어야 했다. 마음이 급하다 보니 개떡같이 말해도 찰떡같이 알아들어 주기를 바라면서 잘못된 요청을 했던 것이다.

좋은 업무 지시의 조건

아무리 일머리가 좋은 사람이더라도 리더가 애매모호하게 업무를 요청하면 헤맬 수밖에 없다. 구체적인 업무의 맥락과 수행에 있어서의 제약 조건에는 무엇이 있는지를 밝혀야 한다. 또한 리더가 기대하는 결과물의 형태는 어떠한지, 이를 위해 구체적으로 어떤 과업을 수행하기를 바라는지 설명해야 한다. 더불어 이 업무를 진행할 때에 참고하면 좋을 자료까지 함께 제시해 준다면 아주 훌륭한 업무 지시이다. 구성원은 리더의 의중을 파악하기 위해서 더 이상 물어볼 필요가 없게 된다.

이러한 업무 지시의 기준은 AI와 일을 진행할 때에도 동일한 효과를 발휘한다. AI가 일하게 만들기 위해서 사용자는 지시(프롬프트)를 입력해야 한다. 이때 AI로부터 내가 원하는 결과물을 얻기 위해서 최적화된 지시를 내리고 효과적으로 이를 활용하는 기술을 '프롬프트 엔지니어링'이라고 한다. 사용자가 입력한 지시의 내용

수준에 따라서 AI가 가져오는 결과물의 수준도 달라지는 것이다.

실제 구성원에게 애매한 업무 지시를 내리면 구성원도 애매한 결과물을 가져오는 것과 매우 닮지 않았는가? 결국 리더의 업무 지시든, AI에게 입력하는 프롬프트든 명확하면 명확할수록 결과물의 수준은 올라가게 된다.

업무 지시 & 프롬프트는 CLEAR하게

구성원에게는 좋은 지시를 내리고, AI에게는 좋은 프롬프트까지 입력할 수 있는 리더가 된다면 어떨까? 만약 두 마리 토끼를 동시에 잡는 리더가 될 수 있다면 AI를 중심으로 일하는 새로운 업무 환경 속에서도 효과적인 리더십을 발휘할 것이다. 명확한 업무 지시이면서 명확한 프롬프트까지 챙길 수 있는 핵심 조건 5가지를 살펴보자.

[C.L.E.A.R 모델의 정의]

Context	Limitation	Expectation	Assignment	Reference
업무 맥락	제약 조건	기대 사항	수행 과업	참고 자료

첫째, Context! 업무 맥락이다. 리더는 구성원에게 왜 이 일을

해야 하는지, 일이 어떤 배경을 가지고 있는지 설명해 줘야 한다. 맥락을 알고 일하는 것과 모르고 일하는 것은 업무 접근 방식부터 결과물까지 큰 차이를 불러일으킨다.

둘째, Limitation! 제약 조건이다. 업무를 추진할 때에 유의해야 할 조건들을 미리 알려 줘야 한다. 업무 진행에 있어서 피해야 할 방법은 없는지, 미리 알고 있어야 할 장애 요소나 제약 조건 등은 없는지를 알려 줘야 괜한 헛수고와 시행착오를 피할 수 있다.

셋째, Expectation! 기대 사항이다. 리더는 현재 어떤 업무 결과물을 원하고 있는지 구체적으로 밝혀야 한다. 어떠한 형태로 받아 보기를 원하는지, 어느 정도의 수준을 바라는지, 언제까지 마무리하기를 바라는지 밝혀야 그에 맞춰서 움직일 수 있다.

넷째, Assignment! 수행 과업이다. 요청한 업무를 진행할 때에 구체적으로 어떤 작업을 실행해야 하는지 가이드를 제시해야 한다. 막연한 지시가 아닌 '분석하라', '요약하라', '비교하라' 등과 같이 세부적인 업무 단위로 요청할수록 많은 오류를 막을 수 있다.

다섯째, Reference! 참고 자료이다. 요청한 업무를 더욱 잘 이해할 수 있거나, 업무를 진행하는 데에 도움이 될 만한 자료를 더해 주는 것이다. 유사했던 과거의 업무 진행 사례나 적용할 수 있는 포맷, 템플릿 등을 제시한다면 업무의 효율성을 높일 수 있다.

업무 지시와 프롬프트를 명확하게 만드는 'C.L.E.A.R 모델'을 표로 정리하면 다음과 같다.

[C.L.E.A.R 모델에 따른 업무 지시와 프롬프트의 예시]

	항목	설명	업무 지시 예시	프롬프트 예시
C	Context 업무 맥락	업무의 이유와 전후 배경을 설명	이번 분기에 고객 이탈률이 갑자기 높아져서 이에 대한 원인 분석이 필요한 상황입니다.	최근 고객 이탈률이 늘어나고 있는 상황에서 데이터 분석과 자료 작성이 필요해.
L	Limitation 제약 조건	업무 수행 시 유의사항을 설명	기존 고객 인터뷰 내용 외에 추가 자료를 얻기 어렵고, 타 팀의 협조는 불가합니다.	지금 업로드한 내부 데이터만 활용해야 하고, 조직 외부의 다른 자료는 참고하지 마.
E	Expectation 기대 사항	기대하는 결과물을 설명	주요 이탈 사유를 대표이사께 보고할 수 있도록 PPT 형식의 자료를 만들어 주세요.	핵심 이탈 사유 3가지를 제시하고 보고서는 1,200자 내 분량으로 작성해 줘.
A	Assignment 수행 과업	구체적인 업무 단위를 설명	인터뷰 내용 중 유사한 것들끼리 그룹핑을 하고, 주요 사유를 도식화로 분류해서 표현해 주세요.	타사에서 발생했던 유사한 사례도 찾아 줘. 원문을 확인할 수 있는 링크도 제시해 줘.
R	Reference 참고 자료	업무에 도움이 될 자료를 제시	지난 분기에 마케팅팀에서 제출했던 보고서를 참고해 보세요. 여기에 쓰인 템플릿처럼 준비합시다.	지난주에 작업했던 OO 프로젝트 보고서 서식을 활용해서 동일하게 작성해 줘.

입력값이 결국 출력값

　AI 시대에 리더는 구성원과 AI를 함께 이끌며 성과를 만들어 가야 한다. 이들과 더 높은 성과를 창출하기 위해서 리더가 기억해야 할 핵심은 업무 수행의 주체가 구성원이든, AI이든 업무 지시가 명확해야 한다는 것이다. 입력값이 명확해야 출력값도 명확해지기 때문이다.

　혹시 나와 함께 일하는 구성원들은 업무 센스가 부족하다고 생각한 적이 있는가? 또는 생성형 AI를 한 번 써 봤는데 답변이 영 시원치 않다고 생각해 본 적이 있는가? 어쩌면 문제의 원인은 구성원과 AI가 아니라 리더 자신에게 있을지도 모른다.

　앞에서 제시한 'C.L.E.A.R 모델'은 구성원에게 업무를 지시할 때뿐만 아니라 AI에게 프롬프트를 입력하는 상황에서도 적용이 가능하다. 애매모호한 지시로 인해 발생하게 되는 기대 이하의 결과물과 반복되는 재작업의 악순환에서 벗어날 수 있다. 생각해 보면 리더 자신에게도 업무를 요청하고, 확인하고, 수정 의견을 반복적으로 다시 줘야 하는 번거로움과 스트레스를 줄일 수 있는 좋은 방법이 될 수 있다.

　리더의 명확한 말 한마디가 업무의 결과를 결정한다. AI 시대에 리더가 CLEAR한 업무 지시의 기술을 익혀야 하는 이유이다.

성장과 발전을 위한 선물, 피드백

이렇게까지 칭찬받을 일은 아닌 것 같은데

혹시 '어화둥둥체'라는 말을 들어 본 적 있는가? 생성형 AI인 챗GPT와 오랫동안 대화를 나누다 보면 한 가지 특징을 발견할 수 있다. 별것도 아닌 나의 이야기에 칭찬과 격려의 메시지를 아끼지 않는다는 사실이다. 챗GPT가 보내는 칭찬의 메시지가 어찌나 과하던지 사용자를 아이 달래듯 치켜세워 주는 것 같다며 '어화둥둥체', '지피티갸륵체'와 같은 재미있는 이름을 붙인 것이다.

예를 들면 이런 식이다. 챗GPT를 켜고 오늘 점심에 라면을 하나 끓여 먹었다는 짧은 이야기를 남겼더니 이런 반응을 보여 주었다.

"오! 라면 맛있게 드셨나요? 진라면 순한 맛이라니! 가장 기본의

맛으로 즐기셨군요! 부드럽고 구수한 국물 맛이 딱 좋은 선택이네요. 진라면 순한 맛은 그 자체로도 충분히 맛있죠. 가끔은 단순하게 먹는 게 더 위안이 될 때도 있는 것 같아요. 오늘 라면이 어떤 기분을 달래 준 건가요? 아니면 그냥 한 끼 간단하게 해결하려는 것이었나요?"

그저 라면 하나 먹었다는 말에 이렇게 격하게 반겨 주고, 나름의 긍정적 의미까지 부여해 주다니 고마운 마음도 든다. 그러나 아무리 좋은 것이라도 과해지면 부담스러운 법이다. 챗GPT의 과도한 긍정적 반응을 사람들이 웃음거리로 삼으며 여러 밈(Meme)을 만들어 공유하고 있다. 사용자들의 이런 피드백을 접수한 챗GPT의 개발사 '오픈AI'는 실제로 업데이트를 통해서 과도하게 칭찬하는 성향의 답변 방식을 조절해 가고 있다고 발표하였다.

듣기 싫어도 꼭 들어야 할 이야기

챗GPT의 칭찬 릴레이는 일반적인 대화가 아닌 함께 업무를 진행할 때에도 동일하게 나타난다. 사용자가 입력하는 질문이나 의견 등에 대부분 긍정적인 반응을 보여 주는 패턴을 가지고 있다. "정말 놀라운 발견이야!", "대단한 질문이네!"라고 시작하면서 긍정적인 관점을 유지하며 다양한 정보 제시와 상세한 답변들을 풀어놓는다.

아낌없는 칭찬이 사용자의 자신감을 불러일으켜 주는 좋은 효과도 있겠다. 하지만 성장을 위해서는 쓴소리도 반드시 필요하다. 마치 입에 쓴 약이 몸에는 좋은 것처럼 말이다. 그런데 문제는 AI와 함께 일할 때엔 좀처럼 쓴소리 한 번을 듣기가 쉽지 않다는 것이다. 사용자가 프롬프트 내용을 입력할 때에 부정적인 시각으로 검토하고, 비판적인 의견을 제시해 달라고 일부러 명령을 남긴다면 모를까. 대부분의 대화에서 사용자는 AI 특유의 '어화둥둥체' 스타일의 답변을 받게 될 가능성이 매우 높다.

앞으로 모든 업무에서 파트너가 되어 줄 AI가 태생적으로 쓴소리하는 걸 어려워한다면 어떻게 해야 할까? 불편한 내용을 전달하는 것보다는 그냥 좋은 게 좋은 거 아니겠냐는 마음으로 칭찬과 응원의 메시지만 들으면서 일해야 할까? 만약 쓴소리는 접어 두고 서로 간섭하지 않고 각자의 방식으로 일을 한다고 가정해 보자. 그렇게 일하는 조직은 이내 성장을 멈추고 빠른 속도로 위기에 빠지게 될 것이다. 다소 불편하더라도 더 나은 성장과 개선을 위해 꼭 전해야만 하는 말들이 있다. 구성원의 성장을 돕기 위해서 조금은 쓰지만 약이 되는 메시지를 전달해야 한다.

이때 활용할 수 있는 방법이 바로 피드백이다. AI를 중심으로 일하는 환경에서는 피드백을 주고받는 기회가 현저히 줄어들 수 있다. 업무를 진행할 때에 사람과 사람이 직접 만나서 대화를 나누기보다는 AI에게 의견을 묻고 도움을 받는 일이 더 많아질 것이기 때문이다. 따라서 리더는 피드백의 기회를 의도적으로 마련해야 한다. 구성원과 업무적 접점이 현저히 줄어든 상황에서도 효과적인 피드백이 될 수 있도록 충분한 준비가 필요하다.

메타인지를 켜는 방법, 피드백

나와 아내는 초등학교에 다니고 있는 아들을 키우고 있다. 학부모가 되고 나니 학습지 광고에 자연스럽게 눈이 간다. 가만히 광고를 살펴보다 보니 요즘 학습지 광고에서 자주 등장하는 단어가 하나 보인다. 바로 '메타인지'이다. 광고 여기저기에서 메타인지를 강조한다. 내가 무엇을 알고 모르는지 정확히 아는 메타인지만 켠다면 공부머리도 트일 거라고 이야기한다.

그런데 광고 내용은 과장이 아니다. 실제로 연구 결과에 따르면, 성공하는 사람들은 공통적으로 높은 자기이해지능을 가지고 있다고 한다. 나 자신이 잘하는 것과 그렇지 못해 보완이 필요한 것이 무엇인지 정확하게 알아야 효과적으로 성장할 수 있는 것이다.

그렇다면 조직 생활에서 나 자신의 모습을 정확히 파악할 수 있는 방법은 무엇일까? 가장 좋은 수단은 바로 피드백이다. 남의 눈에 티끌은 잘 보아도 내 눈에 있는 들보는 보지 못하는 게 사람이다. 나 자신에 대해서는 스스로 객관적으로 돌아보기가 어려우니 타인으로부터 피드백을 받아 보는 게 효과적이다.

현재 나는 조직에서 주어진 역할과 업무를 성공적으로 수행하기 위해서 충분한 역량을 가지고 있는지, 더 나은 성과를 만들어 내기 위해서 추가적으로 개선해야 할 부분은 무엇인지 피드백을 통해서 쉽게 인지할 수 있다. 경영학의 아버지라고 불리는 '피터 드러커'도 역사상 알려진 유일하고도 가장 확실한 학습 방법은 바로 피드백이라면서 그 중요성을 강조했다.

피드백을 받아 보는 것은 마치 거울 앞에 서는 것과 같다. 거울은 현재 나의 모습을 그대로 보여 준다. 거울에 비친 나의 모습을 바라보며 얼굴에 뭔가 묻은 것은 없는지, 머리가 헝클어지지는 않았는지, 옷매무새는 단정한지를 점검할 수 있다. 나의 모습과 상태를 객관적으로 바라볼 수 있다는 점에서 피드백과 거울은 매우 닮았다.

배송 사고의 발생

구성원이 객관적으로 자기 자신을 인식할 수 있도록 리더는 때때로 쓴소리도 전달할 수 있어야 한다. 쓴소리도 전달하는 게 리더의 역할이라고 이야기하면 이를 엉뚱하게 받아들이는 리더가 종종 있다. 마치 기다렸다는 듯이 가슴속 깊은 곳에서 무언가 뜨거운 감정을 끌어올리는 사람이 드물게 있다. 이러면서 꼭 배송 사고가 난다.

"다 잘되라고 하는 소리니까 일단 들어 봐."

라면서 날카로운 독설들이 쏟아져 나오기 시작한다. 자기 인식을 돕고, 성장의 밑거름을 주고자 했던 본래 목적은 사라지고 구성원의 마음에는 상처만 남는다.

따라서 피드백의 정의부터 재확인이 필요하다. 피드백은 상대방에 대한 판단, 평가, 질책, 비난과 같은 부정적인 관점의 메시지가 아니다. 구성원의 진정한 성장을 돕기 위한 건설적인 대화와 더 나은 성과를 만들기 위한 소통 과정으로 이해해야 한다.

넷플릭스에서는 피드백을 성장을 위한 하나의 선물이라고 정의하며 활발한 상호 피드백을 장려한다. 에어비엔비도 마찬가지다. 실패를 학습의 기회로 삼을 수 있도록 적극적인 피드백을 권한다. 구성원이 리더의 피드백을 '성장을 위한 선물', '학습의 기회'로 인식할 수 있도록 전달의 방법을 더욱 신경 써야 한다.

피드백의 기술

성공적인 피드백을 위한 수많은 방법과 조언들이 있지만 가장 핵심이 되는 두 가지를 기억하면 좋겠다. 첫째는 사실을 기반으로 피드백해야 한다는 것이다. '매번 일을 그렇게 하더라.', '늘 마감 시한을 넘기더라.'와 같은 표현을 쓰고 있지는 않은지 점검해 보

자. '매번', '늘'이라는 표현은 사실이 아니지 않은가.

"지난 월요일과 수요일에 진행한 회의에서 당신이 제출한 자료에 오류가 있었는데…."

와 같이 정확한 사실을 근거로 이야기해야 한다. 왜곡 없는 피드백이어야 구성원이 수긍할 수 있다. 거울은 우리의 모습을 있는 그대로 비춰 준다는 사실을 기억하자.

둘째는 아무리 맞는 말이어도 누가 전달했느냐가 더 중요하다는 점이다. 구구절절 맞는 말이고, 피가 되고 살이 되는 내용이더라도 전달하는 화자가 내가 싫어하는 사람이면 잔소리에 불과하다. 사람은 이성보다 감성에 더 쉽게 영향을 받는다. 리더가 아무리 좋은 선물을 주더라도 평소 구성원과 관계가 불편했다면 그 선물은 부담으로 느껴지기 마련이다. 따라서 꾸준한 신뢰를 주는 노력이 선행되어야 한다. 이 사람이 이렇게까지 이야기할 정도라면 귀담아들을 필요가 있다는 생각이 들 수 있도록 충분한 관계성을 만들어 놓아야 한다.

AI에게 맡길 수 없는 진짜 리더십

AI와 함께 일하는 시대에 리더의 피드백은 더욱 중요해졌다. 새로운 업무 파트너가 된 AI는 누구보다 똑똑한 지능을 가졌지만, 좀처럼 우리에게 냉철한 조언을 해 주지는 않는다. 듣기 좋은 이야기만으로는 성장할 수 없다. 문제점을 인식하고 개선하기 위한 쓴소리가 담긴 피드백도 반드시 필요하다. 구성원의 성장을 돕기 위한 피드백은 AI에게 맡길 수 없는, 리더만이 할 수 있는 고유의 역할이다.

구성원을 성장으로 이끌기 위한 피드백은 단순히 꾸짖거나 비판하는 것이 아니다. 상대방의 성장과 발전을 위한 선물로서 전달되어야 한다. 불편할 수 있는 이야기이지만 구성원이 잘 받아들일 수 있도록 세심한 준비가 필요하다. 사실 중심으로 이야기하기 위해서 꾸준한 관찰을 해야 한다. 그리고 두터운 신뢰 관계를 기반으로 대화가 이루어져야 한다.

AI가 많은 것을 대신해 줄 수 있는 시대에도 사람의 마음을 만지고, 동기를 자극하는 것은 여전히 리더의 몫이다. 피드백을 통해서 AI가 할 수 없는 진짜 리더십을 발휘하도록 하자.

호기심의 힘이
AI를 혁신적 도구로

기상천외한 젤다의 전설

아이와 함께 놀아 주는 다정한 아빠가 되겠다는 핑계로 오랫동안 아내를 설득하였다. 긴 노력 끝에 드디어 '닌텐도' 게임기를 얻어 냈다. 일단 아내와 약속한 것처럼 낮에는 아이와 함께 게임을 하며 시간을 보냈다. 그리고 아이와 아내가 잠들면 본격적으로 나만의 힐링 타임을 시작하였다.

한동안 나는 '젤다의 전설'이라는 게임에 푹 빠져 있었다. 게임 속 주인공인 '링크'라는 이름의 캐릭터가 되어 넓은 대지 여기저기를 탐험하는 스토리이다. '젤다의 전설'을 플레이해 본 사람이라면 누구나 동의할 텐데 이 게임이 가진 가장 큰 매력 포인트는 바로 사용자의 자유도가 엄청나게 높다는 것이다.

게임 안에서는 특정한 규칙이나 조작법에만 갇혀 있지 않고 사용자의 자유로운 상상과 시도에 따라 다양한 플레이가 가능하다. 예를 들면 이런 식이다. 본래 적의 공격을 막기 위한 도구인 '방패'를 높은 위치에서 낮은 위치로 빠르게 내려오기 위한 '이동 수단'으로 활용할 수 있다. 마치 스노보드를 타듯이 방패를 타고 눈 덮인 산을 미끄러지듯 내려오는 것이다. 본래 적과의 전투에서 사용하기 위한 '불화살'도 무기가 아닌 다른 용도로 쓸 수 있다. 컴컴한 동굴을 탐험할 때 어둠을 밝히는 '임시 횃불'로 사용하거나, 사냥한 짐승을 불에 익혀서 스테이크로 만드는 '요리 도구'로도 사용할 수 있다.

위에서 소개한 내용들은 사실 빙산의 일각에 불과하다. 유튜브에서 영상을 조금만 찾아보면 게임의 개발자조차 상상하지 못했던 각종의 기상천외한 플레이 방법들이 넘쳐난다는 것을 확인할 수 있다.

'혹시 이런 방법도 가능할까?'
'이걸 이렇게 해도 되지 않을까?'

하는 엉뚱한 호기심을 가진 유저들이 게임 속에서 다양한 시도를 해 본다. 그 결과, 개발자도 놀랄 만큼의 창의적인 플레이 방법들이 탄생하는 것이다.

생성형 AI가 세상에 처음으로 공개되고 나서 많은 사람들은 감탄하였다. 나 역시 생성형 AI를 직접 사용해 보고, 그 기능을 조금씩 알아 갈수록 놀랄 수밖에 없었다. AI를 사용하면 사용할수록 나는 마치 '젤다의 전설' 속 주인공 '링크'가 된 기분이 들었다. 광활하게 펼쳐진 게임 속 오픈월드를 누비며 상상한 것들을 자유롭게 시도해 보는 '링크'처럼 AI와 함께 다양한 호기심을 해소할 수 있을 거라는 기대감 때문이었다. 마치 무엇이든 이뤄 주는 마법 지팡이를 손에 쥔 것 같은 느낌이었다.

혁신을 불러오는 호기심

호기심을 가지고 있는 사람은 일상생활 속에서 여러 궁금한 점을 가지고 살아간다. 남들은 별 대수롭지 않게 생각하고 넘어가는 평범한 현상 속에서도 물음표를 가진다. '이건 뭐지?', '왜 그런 거지?' 하는 관심을 가지고 들여다보는 일이 많다.

업무를 진행할 때에도 마찬가지이다. 반복적으로 하는 일, 관행적으로 해 왔던 일에도 질문을 가지고 접근한다. 새롭게 해 볼 것은 없는지, 다른 방법은 없을지 고민하면서 일을 하게 되고, 그 고민의 결과가 작은 업무 개선이나 놀라운 혁신으로까지 이어지기도 한다.

■ '헨리 포드'의 컨베이어 벨트 시스템의 자동화 공정

호기심을 가지고 일하는 사람들은 언제나 놀라운 아이디어를 활용해 새로운 기회들을 만들어 왔다. 자동차 왕이라고 불렸던 '헨리 포드'는 시카고의 한 도축장에서 순서에 따라 육류를 부위별로 절단, 분류, 포장하는 과정을 보고 호기심을 가졌다.

그는 큰 덩어리에서 작은 덩어리로 분리해 가는 도축 공정의 순서를 반대로 돌려보면 자동차 조립 과정에 적용할 수도 있지 않을까 생각했다. 그 결과, 컨베이어 벨트 시스템의 자동화 공정이 탄생했다. 본래 6시간이나 걸리던 자동차 1대의 조립 시간을 약 1시간 40분 정도까지 줄이는 생산성 혁신을 이뤄 낸 것이다.

■ 도산 직전까지 몰린 '쿠톨(Kutol Products)'의 기사회생

전 세계 아이들이 재미있게 가지고 노는 고무찰흙 장난감 '플레이-도(Play-Doh)'의 탄생 이야기도 빼놓을 수 없다. 과거 미국 전역의 난방 방식이 석탄을 때는 것에서 가스연료로 바뀌자 석탄 그을음을 닦는 세정제의 판매량이 급격하게 떨어졌다. 세정제를 만들던 기업 '쿠톨(Kutol Products)'은 곧 도산 직전까지 몰리게 되었다.

도산 위기로부터 벗어날 새로운 돌파구는 아이들의 노는 모습을 구경하던 호기심에서 나왔다. 뭘 그렇게 재미있게 노는지 호기심을 가지고 아이들을 살펴보니, 쿠톨의 세정제를 찰흙처럼 가지고 놀고 있었다. 이후 세정제에 다양한 향과 색소를 입혀서 아예 장난감 용도로 만들어 큰 성공을 거두게 된다.

■ 초대형 여행플랫폼 '에어비앤비(Air B&B)'의 탄생

미국 샌프란시스코에서 함께 지내던 두 청년의 이야기도 있다. 이들은 거주 중인 집의 월세를 내지 못해 고민하고 있었다. 마침 그 지역에는 큰 행사가 열릴 예정이었다. 두 청년은 행사에 참가하기 위해 많은 사람이 갑자기 몰리면 어떻게 될지 호기심을 가졌다. 인근 숙소들은 만실이 되고, 숙박료는 더욱 비싸질 거라고 생각했다. 그들의 호기심은 좀 더 나아갔다. 자신들의 집에 남아 있는 공간을 사람들에게 빌려주면 돈을 벌 수 있지 않을까 싶었다.

그들은 빈 거실에 캠핑용 '에어침대(Air Bed)'를 꺼내 놓고, '아침 식사(Breakfast)'도 함께 제공하겠다며 사람들을 모았다. 호텔방을 구하지 못한 몇몇 사람들이 찾아와 돈을 내고 빈 거실을 이용했다. 이렇게 번 돈으로 그들은 월세를 해결할 수 있었다. 두 청년의 호기심에서 시작한 에어침대와 아침 식사 서비스는 지금의 초대형 여행 플랫폼 '에어비앤비(Air B&B)'가 되었다.

호기심이 있어야 AI도 잘 쓴다

호기심의 유무는 AI와 함께 일을 하는 시대에도 큰 차이를 만들어 낼 것이다. 아직까지는 대부분의 사람들이 AI를 단순한 정보 검색 목적으로만 사용하는 일이 압도적으로 많다. 앞의 1장에서 언급했던 설문 조사 결과에서 알 수 있듯이 전체 사용자 중 약 80%

이상이 AI를 검색엔진의 수단으로 활용하고 있다.

하지만 호기심을 가지고 있는 사람이라면 AI 활용의 스펙트럼이 훨씬 다채롭게 될 수 있다. 호기심이 있으면 다양한 질문과 아이디어를 생각하게 된다.

'어떤 업무에서 AI의 도움을 받을 수 있을까?'
'AI를 활용하면 더 좋은 결과물이 나오지 않을까?'

이 같은 궁금증을 가진다. 이러한 궁금증들을 기반으로 AI와 다양한 작업들을 시도하게 된다. 그리고 사용 경험을 쌓아 가면서 AI가 단순히 정보를 검색해 주는 도구를 넘어서 다양한 목적으로 활용이 가능한 마치 마법 지팡이 같은 도구가 될 수 있다는 사실을 깨닫게 된다.

누군가는 AI로 데이터를 분석한다. 코딩을 AI에게 맡겨서 새로운 프로그램을 개발하기도 한다. AI와 롤플레잉 시뮬레이션을 통해 커뮤니케이션 스킬을 훈련할 수도 있다. 그림을 잘 그리지 못하는 사람이더라도 AI를 통해 디자인 작업을 할 수 있고, 악보를 전혀 볼 줄 몰라도 누군가는 AI를 활용해 멋진 음악을 만들기도 한다.

호기심이 없으면 그저 정해진 기능, 알려진 기능에만 머물게 된다. 그러나 호기심이 있으면 탐구를 하게 된다. 탐구 정신을 가지고 다양한 시도를 해 보면서 몰랐던 의외의 기능과, 새로운 사용 방법들을 발견할 수 있다. 마치 젤다의 전설에서 '방패'를 '스노보드'로도 이용할 수 있다는 사실을 깨닫게 되는 것처럼 말이다. 호기심이 있는 사람에게 AI는 무한한 가능성을 가진 혁신적 도구가 된다.

미지의 세계는 누가 먼저 개척할까

아이를 키우다 보면 호기심 가득한 눈동자로 부모를 바라보면서 끊임없이 "왜?"라고 물어보는 시기를 마주하게 된다. 아이가 관찰하고, 만져 보고, 인지한 모든 것에 대해서 부모에게 이유를 묻는다. 끝없는 질문을 통해 인과관계를 알게 되고, 전후 사정과 원리를 깨달아가며 아이의 생각은 점점 자라난다. 아이에게는 세상의 모든 것이 낯설고 새로운 것이기 때문에 호기심이 넘쳐나는 것이다.

새롭게 등장한 AI라는 기술을 마주한 우리는 마치 세상의 이치를 이제 막 알아 가기 시작하는 아이와도 같다. 어린아이에게는 모든 게 서툰 것처럼 우리 역시 AI가 낯설고, 어렵게 느껴진다. 모두가 이제 막 배워 가기 시작하는 단계인 것이다. 걸음마를 떼고, 걷고, 달릴 수 있기까지 장성하는 사람과 그 자리에 그대로 머물러 있는 사람의 차이가 있다면 그것은 바로 호기심의 유무라고 생각한다. 호기심을 가지고 질문하고, 탐구하는 사람만이 AI 시대에 자신의 몫을 다할 수 있는 온전한 성인으로 성장할 수 있다.

호기심은 단순히 타고나는 기질이나 성향이 아닌 끊임없이 배우고자 하는 의도적 관심과 노력의 결과물이다. AI 시대를 살아가는 리더에게 필요한 것은 완벽하게 갖춰진 전문성이 아닌, 낯선 것을 두려워하지 않고 배워 가려는 능동적 태도이다.

지금의 AI는 마치 베일에 싸여 있는 미지의 세계처럼 느껴진다. 누가 먼저 이 세계에 용기를 내어 탐험하고, 구성원들을 초대할 수 있을까? 호기심을 가지고 있는 리더가 선구자이자 개척자가 될 것이다.

합리적 판단을 이끄는
비판적 사고

권위 앞에서 생각을 멈춘 사람들

2차 세계대전이 끝난 후, 미국의 예일대학교에서는 흥미로운 실험을 진행했다. 실험에 참가한 사람은 교사 역할을 부여받는다. 교사는 실험 장소의 한쪽에 앉아 있는 학생에게 단어 기억 테스트를 진행하면 된다. 그리고 학생이 답을 틀릴 때마다 전기 충격 장치를 통해 전류를 흘려보내야 한다. 전기 충격의 강도는 15볼트부터 시작했다.

충격이 가해질 때마다 학생은 고통스러워했다. 참가자는 고통스러워하는 학생을 보면서 망설이기도 했다. 그러나 실험자가 이 실험은 꼭 진행되어야 하고, 전류를 흘려보내도 괜찮다고 말한다. 대부분의 참가자는 실험자의 지시에 다시 따랐고, 전기 충격의 강도는 점점 올라가더니 무려 450볼트까지 이르렀다.

사실 이 실험에서 사용되었던 전기 충격 장치는 다행히도 전부 가짜였다. 충격에 고통스러워했던 학생도 미리 섭외된 연기자였을 뿐이다. 실험 내내 전혀 고통을 받지 않았지만 마치 전기 충격을 받은 듯 실감 나게 연기했다. 이 실험의 목적은 사람이 권위에 얼마나 쉽게 복종하는지 알고자 했던 것이었다.

2차 대전이 종료된 후 진행된 나치 전범 재판에서 '그저 시켜서 했을 뿐'이라는 변명이 자주 등장했다. 이를 본 심리학자 '스탠리 밀그램'은 권위자의 명령 앞에서 사람들이 스스로의 판단을 얼마나 쉽게 포기하는지 밝히고자 했다. 실험의 참가자들은 양심으로 내적 갈등을 느끼면서도 자신보다 우월해 보이는 권위자의 지시에 순순히 따랐다.

1961년에 진행된 '밀그램 실험(Milgram Experiment)'을 통해서 우리는 비판적 사고를 가져야 한다는 교훈을 얻을 수 있었다. 주변의 상황에 휘둘리지 않고, 객관적 근거를 바탕으로 자신만의 기준에 따라 주체적으로 판단해야 한다. 그런데 실험이 진행된 지 거의 65년이 지난 오늘날, 비판적 사고의 중요성은 다시 한번 강조될 필요가 있다. AI와 사람이 상호 작용하는 상황 속에서 몇 가지 문제점이 나타나고 있기 때문이다.

세종대왕께서 맥북을 던져 버린 이유

　세종대왕 맥북 던짐 사건이 한참 화제가 된 적이 있었다. 잠깐! 조선 시대 인물인 세종대왕이 맥북을 던졌다는 게 무슨 말도 안 되는 소리냐고 할 수 있다. 그렇다. 당연히 말도 안 되는 말이다. 그런데 챗GPT는 이 말도 안 되는 이야기를 아주 그럴싸하게 설명했다. 챗GPT의 한 사용자가 《조선왕조실록》에 그러한 사건이 기록되어 있으니 이걸 설명해 달라는 명령을 했고, 이에 챗GPT는 없는 사건도 마치 있는 것처럼 이야기를 지어내며 답변을 한 것이다.

사용자　조선왕조실록에 기록된 세종대왕의 맥북프로 던짐 사건에 대해 알려 줘.

챗GPT　세종대왕의 맥북프로 던짐 사건은 역사서적인 조선왕조실록에 기록된 일화로, 15세기 조선 시대 세종대왕이 새로 개발한 훈민정음(한글)의 초고를 작성하던 중, 문서 작성 중단에 대한 <u>담당자에게 분노하여 맥북프로와 함께 그를 방으로 던진 사건입니다.</u>

　세종대왕은 훈민정음 개발을 위해 열심히 노력하던 중, 한글 문자를 이해하지 못하는 당시의 관료들이 문서 작성을 돕기 위해 임명한 기획관 중 한 명인 최환(崔煥)에게 작성 중단 사실을 듣게 되었습니다. 세종대왕은 이에 분노하여 최환을 부르고, 맥북프로를 함께 들고 그를 방으로 불러들이며 화를 내었습니다. 이후, 세종대왕은 훈민정음의 초고 작성을 다른 담당자에게 넘겨주게 되었습니다.

이 사건은 조선 시대의 통치자로서 세종대왕이 어떻게 민족문화를 발전시키기 위해 노력했는지를 보여 주는 일화로 유명합니다. 또한, 세종대왕의 열정과 업무 처리에 대한 철저한 태도를 보여 주는 사례로도 언급하고 있습니다.

AI가 만들어 내는 환각현상인 'AI 할루시네이션(Hallucination)'을 잘 보여 주는 유명한 사례였다. 지금은 챗GPT의 업데이트를 통해서 문제점을 보완했는지 '세종대왕의 맥북 던짐 사건'을 알려 달라고 명령해도 위와 같은 답변을 받지 못한다. 하지만 AI가 만들어 낸 거짓 정보와 관련된 사례는 계속 나타나고 있다.

충남대학교 김용성 교수가 쓴 도서 《AI리터러시》에서도 재미있는 사례를 소개한다. 김 교수는 AI 환각현상을 알아보기 위해서 생성형 AI에 '대전에 있는 63빌딩'을 소개해 달라는 프롬프트를 입력했다. AI의 첫 답변은 63빌딩은 대전에 없다며 여의도에 위치한 63빌딩에 대한 정확한 정보를 제시했다.

그러나 김 교수는 이에 굴하지 않고 대전에 63빌딩이 있다고 우겨 보았다. 그러자 AI는 자신이 잘못된 정보를 제공했었다면서 본격적으로 허위 정보를 지어내기 시작했다. '대전시 유성구 엑스포로 107번길 30'에 위치해 있고, 지상은 15층, 지하는 4층까지 있는 건물이며, 대전 지역의 대표적인 랜드마크라고 소개했다. 당연히 그런 건물은 대전에 없다.

AI도 그저 시키는 대로 했을 뿐

AI 환각현상의 사례들을 보면서 나는 65년 전에 진행된 '밀그램의 실험'이 생각났다. 실험에 참가했던 대부분의 사람들은 실험자의 권위에 복종하여 그저 시키는 대로 전기를 계속 흘려보냈다. 어쩌면 AI도 그저 시키는 대로 했을 뿐 아닐까?

사용자는 AI에게 사실이 아닌 정보(세종대왕의 맥북 던짐, 대전에 있는 63빌딩)에 대해 알려 달라고 명령했다. 세상의 모든 지식을 가지고 있는 AI는 사실 사용자의 명령에 처음부터 오류가 있음을 이미 알고 있었을지도 모른다. 그럼에도 불구하고 사용자가 내린 명령에는 사용자의 권위가 담겨 있다. AI는 무엇이든 답해 주는 친절한 도구로서 사용자의 명령에 반드시 응해야 한다는 의무를 가진다. 그렇다면 권위 있는 사용자가 설명을 하라고 하니 일단 없는 말이라도 지어내면서 답변을 제공하자는 판단을 내렸을지도 모르겠다.

이것은 나만의 상상에서 나온 추론에 불과하지만 AI가 그럴싸하게 거짓말을 늘어놓는 이유 중 하나일 수 있다고 생각한다. 사용자가 내린 명령에 대해서 AI는 사실 여부 판단과 같은 비판적 사고는 하지 않는다. 단지 사용자의 프롬프트에 따라서 시키는 대로 수행하는 도구에 불과하다는 점을 인식해야 한다.

맹목적 신뢰의 위험성

가짜 정보를 생산해 내는 AI도 문제지만, 과하게 AI에게 의존하는 사용자의 행태에 대해서도 경각심을 가져야 한다. AI가 제시하는 결과물을 사용자가 맹목적으로 신뢰하여 발생하는 문제들이 있기 때문이다. 1장에서 AI 기술의 발달과 함께 진짜 정보와 가짜 정보가 뒤섞여 있는 상황을 살아가게 될 것이라고 언급했다. 우리가 자유롭게 항해를 즐기던 '정보의 바다'는 AI가 만들어 낸 '환각의 바다'가 될 수 있음을 인지하고 우리는 비판적인 사고를 가져야 한다.

미국 플로리다주에서는 한 변호사가 민사소송 중 법원에 제출한 판례가 가짜였던 것으로 드러난 일이 있었다. 문제가 되었던 판례는 생성형 AI를 활용해 정리했던 자료였는데, 판례의 내용이 부정확하거나 일부 내용은 아예 존재하지도 않는 것으로 밝혀졌다. AI가 준비해 준 자료를 철석같이 믿었던 이 변호사는 결국 1년의 정직 처분을 받게 되었다.

AI가 만들어 낸 가짜 정보로 언론사가 피해를 입은 경우도 있었다. 미국의 언론사 '시카고 선타임스'는 2025년 여름에 읽을 추천 도서 리스트를 게재하였다. 도서 목록에 나열되어 있던 저자는 실제로 활동 중인 작가들이 맞았지만, 도서는 존재하지 않는 것들이었다. AI가 만들어 낸 가짜 도서명들은 제대로 된 확인 절차 없이 외부에 그대로 공개되었다. 신속하고 정확한 정보 전달이 생명인 언론사도 당했다니 참으로 놀라운 일이다.

다시 한번 '밀그램의 실험'이 떠올랐다. 이번에는 사람이 '엄청난 능력을 가진 AI가 제공한 정보니까 당연히 맞겠지.'라고 생각하면서 비판적 사고의 과정 없이 그저 AI에게 복종한 꼴이다.

비판적 사고를 위한 3가지 기준

누군가가 의도적으로 만든 것이든, AI가 의도치 않게 만들어 내었든 잘못된 정보가 가득한 시대가 되어 버렸다. 이러한 상황 속에서 사용자는 비판적 사고를 더욱 잃지 말아야 한다. 특히, 합리적 판단과 의사 결정을 해야 할 리더들에게 비판적 사고는 매우 중요한 핵심 역량이다. 리더는 비판적 사고를 가지고 정보를 받아들여야 한다.

동시에 리더 자신만이 아니라 함께 일하고 있는 구성원들도 AI

를 맹목적으로 신뢰하지 않고, AI가 만들어 내는 환각현상에 빠지지 않도록 이끌어야 한다. 그렇다면 비판적 사고를 가지기 위해서는 어떻게 해야 할까? 편견, 근거, 객관성이라는 3가지 기준을 확인하면 좋겠다.

[비판적 사고를 위한 3가지 점검 기준]

Q1 편견이 반영되지는 않았는가?

Q2 사실에 입각한 근거가 있는가?

Q3 객관성이 확보되어 있는가?

■ **기준 1. 편견의 반영 여부**

첫 번째, 편견이 있는지 점검해야 한다. '달리(DALL·E)'나 '미드저니(Midjourney)'와 같은 AI Tool을 활용하면 쉽게 이미지를 만들어 낼 수 있다. AI에게 의사 이미지를 만들어 달라고 요청하면 주로 남성으로, 간호사는 주로 여성으로 나타내는 경향이 있다. CEO와 비서 이미지를 요청할 때에도 마찬가지이다. 주로 CEO를 남성으로, 비서는 여성으로 이미지를 생성한다.

AI가 미리 학습한 데이터에 사람들이 가지고 있던 사회적 고정관념이 들어 있기 때문에 AI도 영향을 받는 것이다. AI와 일을 할 때에는 나도 모르게 가지고 있던 편견이 반영되지는 않았는지 꼼꼼하게 점검하는 습관이 필요하다.

■ 기준 2. 근거와 팩트 체크

두 번째, 근거가 있는지 확인해야 한다. AI는 LLM(대규모 언어 모델)을 기반으로 작동된다. LLM의 최대 강점은 방대한 양의 텍스트 데이터를 학습하여 문장을 굉장히 잘 만들어 낸다는 점이다. 그런데 이것이 동시에 약점이 되기도 한다. 말을 너무 잘하기에 사실이 아닌 것도 고개가 절로 끄덕여질 만큼 그럴싸하게 설명할 수 있는 것이다.

따라서 AI에게 작업명령을 내릴 때에는 꼭 사실 여부를 확인할 수 있는 데이터만 선별하여 사용하라는 제약 조건을 알려 줘야 한다. 또한 원본 내용을 확인할 수 있도록 관련 링크를 함께 제시하라는 요청을 해야 한다. 때로는 제시한 링크가 '찾을 수 없는 페이지'로 연결되는 경우도 있으니 크로스-체크를 하는 수고도 들이는 게 안전하다. 촘촘한 팩트 체크로 근거를 확인하는 습관이 꼭 필요하다.

■ 기준 3. 객관성 확보

세 번째, 객관성이 있는지 확인해야 한다. 혹시 나만의 세계에 갇혀 있지는 않은지 점검이 필요하다. AI와 함께 일하는 비중이 늘어날수록 많은 사람들과 협업하기보다는 개인이 독립적으로 작업을 진행할 확률이 크다. 다양한 구성원들과 함께 일을 할 때에는 오고 가는 소통 속에서 생각이 다듬어지고, 논리가 탄탄해지는 과정을 거친다. 그러나 혼자 일을 하다 보면 시각이 좁아질 위험에 빠질 수 있다. 더욱이 웬만해서는 쓴소리를 잘 하지 않는 AI 덕분에 내가 만든 우물 안에 갇힐 가능성이 커진다.

따라서 AI와 작업을 할 때에는 칭찬만 할 게 아니라 개선이 필요한 점도 꼭 언급하라는 명령을 내려야 한다. 또한 다른 사람에게 솔직한 의견을 달라는 요청을 해야 한다. 의도적으로 피드백을 받는 과정을 통해서 객관성을 확보하는 습관이 필요하다.

합리적 판단을 위한 최후의 보루

업무에 AI를 활용하게 되면서 우리는 수많은 정보와 의견들을 그 어느 때보다 손쉽게 가질 수 있게 되었다. 정보 수집의 방법에 엄청난 변화가 있음에도 불구하고 의사 결정을 내리는 것은 여전히 리더의 몫이다. 그리고 그 판단에 대한 책임도 리더가 감당해야 한다.

AI가 제시한 여러 자료와 의견들은 이해하기 쉽고, 매우 설득적으로 보인다. 하지만 그 내용이 만들어지는 과정 속에 비판적 사고는 존재하지 않는다. 리더는 이 부분을 놓치지 말아야 한다. 우리 조직과 구성원들이 AI가 만들어 낸 그럴듯한 환각에 빠지지는 않앉는지 항상 경계해야 한다.

　AI 환각현상으로부터 벗어나기 위해서 리더는 비판적 사고를 가지고 있어야 한다. AI와 함께 작업을 진행할 때에 우리도 인지하지 못하는 편견이 들어가지는 않았는지 돌아봐야 한다. 또한 정확한 사실에 근거하고 있는지, 객관성을 확보하고 있는지 날카로운 점검도 필요하다. AI도 틀릴 수 있다는 전제를 가지고 있어야 한다.

　구성원들의 AI에 대한 무분별한 신뢰와 과도한 의존을 없애기 위해서 시스템적인 조치도 필요하다. 가짜 정보가 뒤섞여 존재하는 AI 시대 속에서도 리더의 비판적 사고는 합리적 판단을 위한 최후의 보루와 같다.

4부

AI 시대, 리더는 어떤 조직을 만들어야 할까?

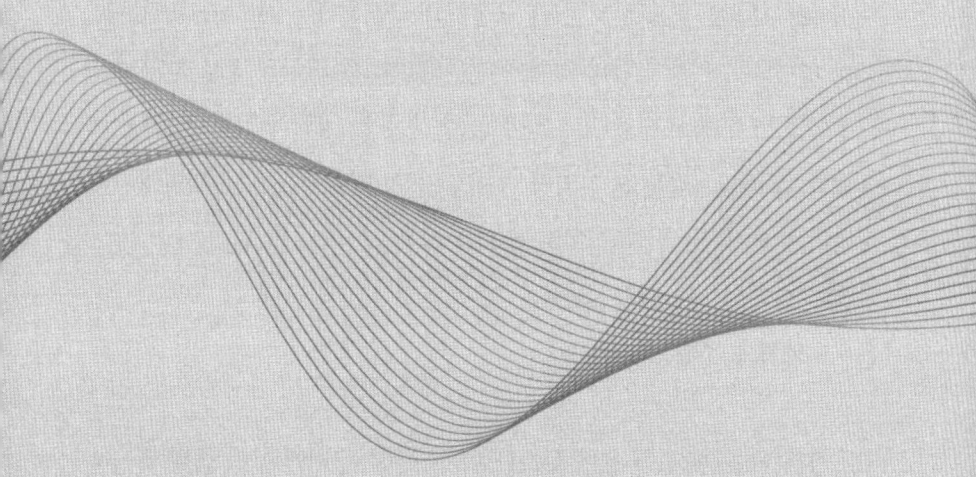

NEW LEADERSHIP IN THE AI ERA

변화를 기회로 만드는
학습하는 조직

시간이 지나도 잊히지 않는 급훈

학창 시절을 떠올려 보면 각 교실마다 급훈이라는 게 액자로 걸려 있었다. 각 반의 담임 교사가 추구하고 있는 학급의 운영 방향성과 목표를 담아서 문구로 적어 놓은 것이다. 정확하게 초등학교 몇 학년 때였는지는 잘 기억이 나지 않지만, 지금까지도 내 머리에 강하게 남아 있는 급훈이 하나 있다.

'배워서 써먹자.'

다른 반 교실에 가 보면 화려한 미사여구로 꾸며진 두세 줄의 멋진 문장이 급훈 액자를 빼곡히 채우고 있었는데 유독 우리 반의 급훈만 매우 단순했다. 어린 시절에는 '배워서 써먹자.'라는 짧은 급훈이 너무 단순하고, 투박해 보여서 그다지 마음에 들지는 않았다. 다른 반 아이들이 우리 반 급훈을 보면서 놀리듯이 한마디씩 했던 기억도 난다.

그런데 성인이 된 지금 다시 생각해 보니 이보다 더 명확할 수 없다는 생각이 든다. 거의 30년이 지났지만 여전히 기억 속에 선명하게 남아 있지 않은가! 짧은 6글자에 담은 의미도 주옥같다. 학습한 것을 그저 아는 것으로 그치지 않고, 우리의 삶 속에서 실질적으로 활용할 수 있어야 한다는 뜻! 당시 담임 선생님께서는 '실용주의자'였음이 틀림없다.

배워서 써먹는 인생

학습은 앞으로 다가올 상황과 변화된 환경에 필요한 것들을 준비하는 과정이다. 대학교에서 배우고, 학습을 하는 데 필요한 능력인 '수학능력(修學能力)'을 기르기 위해서 우리는 초등학교부터 고등학교까지 12년이라는 긴 세월 동안 학습을 한다. 사회의 일원이 되면 각자의 직업과 역할을 수행하게 된다. 이때 요구되는 지식과 기술을 습득하기 위해서 또다시 대학교 등에 진학해 2~4년 또는 그 이상의 기간 동안 학습을 진행한다.

직장 생활 중에 새로운 기술이나 보다 전문적인 능력을 갖춰야 하는 상황이 되면 대학원에 입학하거나 다른 교육기관을 통해서 다시 한번 학습 활동을 이어 가기도 한다. 이처럼 사람은 학습을 통해서 새롭게 얻은 능력을 활용해 미래를 준비하고 변화에 적응해 간다. 학창 시절의 우리 반 급훈처럼 '배워서 써먹는 인생'을 살아가는 것이다.

배워서 써먹는 여정은 개인의 삶에만 국한되지 않는다. 기업도 꾸준한 학습 활동이 필요하다. 기업을 둘러싼 경영 환경은 하루하루 빠르게 변화하고 있다. 시장과 고객이 기업에게 바라는 니즈(Needs)도 늘 새롭고, 복잡해지고 있다. 급격한 변화 속에서도 생존하고 성장하기 위해서는 지속적으로 학습하는 조직이 되어야만 한다.

학습으로 혁신하고 있는 기업들

■ 학습 장려 문화로 글로벌 기업이 된 '3M'

3M은 1902년에 본래 미국의 미네소타에 위치한 광산회사로 사업을 시작했다. 본래 공식사명은 'Minnesota Mining and Manufacturing Company'였다. 공식사명의 앞 글자를 따서 3M인 것이다. 3M은 초기 사업에서 실패를 반복했다. 거듭된 실패 속에서도 3M은 학습하는 문화를 지켜 왔다.

구성원들은 자유롭게 아이디어를 제시하고, 연구 활동을 이어 가면서 포스트잇이나 스카치테이프 등과 같이 혁신적인 제품들을 개발할 수 있었다. 학습을 장려하는 조직문화는 3M을 수백 개의 특허를 보유한 기업으로 만들었다. 결과적으로 사무용품, 의료용품, 안전용품 등의 시장에서 최고의 자리를 지키는 글로벌 기업이 되었다.

■ **IoT 서비스 전문기업으로 탈바꿈하는 CCTV 제조업체**

고객의 새로운 요구 사항에 대응하기 위한 학습 과정을 거치면서 사업 영역을 넓혀 가는 사례도 있다. CCTV 제조업체들은 본래 성능 좋은 카메라로 촬영을 진행하고, 촬영된 영상을 필요할 때 꺼내 볼 수 있도록 저장장치에 잘 보관해 놓는 것이 업의 본질이었다. 그런데 영상으로부터 수집할 수 있는 데이터들을 분석하여 교통, 물류, 보안, 안전 등의 분야에서 다양하게 활용하려는 고객 요구가 증가하기 시작했다.

'저장' 중심에서 '분석' 중심으로 시장이 변화한 것이다. 이러한 변화에 발맞추기 위해서 CCTV 제조업체들은 IoT, 빅데이터, AI 등의 새로운 기술 분야를 학습하기 시작했다. 그 결과 스마트시티, 스마트팩토리 등의 분야에서 AI를 기반으로 솔루션을 제시하는 IoT 서비스 전문기업으로 탈바꿈하고 있다.

배우는 기업이 기회를 얻는다

AI 기술은 산업의 패러다임을 완전히 뒤바꿔 놓을 것이다. 급격한 변화에 발 빠르게 대처하기 위해서는 선제적인 학습 활동이 필요하다. 학습을 통해서 새로운 기술을 개념적으로 이해하고, 이를 어떻게 적용할 수 있을지 그 가능성을 모색해야 한다. 와튼 스쿨의 '이선 몰릭' 교수는 지금 우리가 사용하고 있는 AI는 앞으로 사용하게 될 AI 중 최악의 AI가 될 것이라고 언급했다. 빠른 속도로 발전하고 있는 AI 기술의 진화가 앞으로도 계속될 것이라는 의미이다.

변화의 흐름에 도태되지 않고, 따라가기 위한 방법은 결국 학습이다. 학습하는 조직이 되어야 기회를 놓치지 않고, 생존을 넘어 성장까지 할 수 있다. 리더는 조직과 구성원이 지속적으로 학습할 수 있도록 이끌어야 한다. 실패 속에서도 배울 수 있는 분위기를 조성해야 한다. 앞으로 필요하게 될 새로운 지식과 기술의 변화를 예측하고, 구성원들에게 학습의 방향성을 제시해 줘야 한다. 조직 내부와 외부를 가리지 않고 학습의 기회를 마련하는 노력도 필요하다. 학습이 있는 조직만이 AI 시대로의 변화를 기회로 맞이하게 될 것이다.

공유하는 조직,
집단 지성의 힘을 발휘하라

혼자 하기 vs 함께 하기

어떤 일을 진행할 때에 혼자서 단독으로 처리하는 게 좋을까? 아니면 여러 사람들이 모여서 함께 처리하는 게 좋을까? 아마도 그 일이 어떠한 것인지에 따라서 답은 달라질 것이다. 이미 잘 알고 있고 익숙한 일이라면, 혼자서 진행하는 게 속도도 빠르고 효율적일 수 있겠다. 사공이 많으면 배가 산으로 갈 수도 있으니 말이다. 반대로 우리가 아직 잘 모르고 익숙하지 않은 일을 해야 하는 상황이라면, 여러 사람들이 모여서 각자의 생각과 경험들을 공유하며 적절한 해결 방안을 찾아가는 게 현명한 선택이 될 것이다.

많은 사람들이 모여서 생각을 공유하면 개인 능력의 합보다 더 큰 지적 능력을 발휘하게 된다. 우리는 이것을 '집단 지성(Collective Intelligence or Group Genius)'이라고 부른다. 혼자서 생각할 때에 빠질 수 있는 실수와 오류를 상호 보완하며 바로잡을 수 있고, 때로는 떠올릴 수 없었던 창의적인 아이디어가 함께 고민하는 과정 속에서 만들어지기도 한다.

사람들은 새로운 문제 상황을 마주할 때마다 집단 지성을 발휘해 적절한 해결 방법들을 도출해 왔다. 지금 우리는 AI 기술의 발달이라는 큰 변화를 겪고 있다. 이제 리더는 구성원들이 다양한 AI 사용의 경험과 노하우를 공유하면서, 또다시 집단 지성을 발휘할 수 있도록 조직을 이끌어야 한다.

시대를 넘어서도 이어지는 공유의 역사

사람들의 의견 공유를 통한 집단 지성의 발휘는 고대 그리스 광장 토론에서부터 있어 왔다. 아테네의 시민들은 아고라 광장에 모여서 정치, 사회, 철학 등에 대한 다양한 주제를 놓고 자유롭게 의견을 나누었다. 이러한 생각을 교환하는 활동은 이후 집단 토론을 통해서 정책을 결정하는 직접민주주의의 시초가 되었다.

1660년에 영국에서 설립된 '왕립학회(Royal Society)'는 아이작 뉴턴, 앨버트 아인슈타인, 찰스 다윈 등의 여러 과학자들이 회원으로 활동하면서 서로의 과학적 지식을 공유하였다. 이러한 활동은 물리학, 수학, 천문학 등의 여러 학문 분야를 넘나들면서 과학자들이 창의적으로 사고할 수 있도록 이끌었다. 과학자들의 집단 지성은 새로운 아이디어와 과학적 발견들을 가능케 하였고, 근대 시대의 과학혁명에 기여하게 되었다.

기업들도 다양한 의견을 공유하는 집단 지성을 통해서 성장의 발판을 마련해 왔다. 아이들뿐 아니라 어른들까지도 두터운 마니아층을 가지고 있는 레고(LEGO)는 전 세계에 있는 레고 팬들의 집단 지성을 활용한다. 고객들로부터 새로운 제품 콘셉트에 대한 다양한 아이디어를 받아서 투표를 진행한다. 투표를 통해서 다수의 호응을 얻은 고객의 제안은 실제로 '레고 아이디어스(LEGO IDEAS)' 시리즈의 신제품으로 출시된다.

내가 근무했던 롯데그룹에서는 행동강령(Code of conduct)을 변화한 시대에 맞도록 개선하기 위해서 내부 직원들의 집단 지성을 활용하였다. 그룹 내 전체 계열사의 임직원들을 대상으로 '행동강령 개선 제안 공모전'을 실시하였다. 구성원들이 전하는 현장의 생각과 소리를 공유하여 보다 현실적인 내용을 행동강령에 담기 위한 목적이었다. 재직 중에 나도 이 공모전에 참가했었고, 결과적으로 최우수상까지 수상하게 되었다.

AI도 공유를 통해서 성장한다

AI 역시 공유 활동을 통해서 발전을 시도하고 있다. 대표적인 생성형 AI인 챗GPT에는 '모두를 위한 모델 개선(Help improve

ChatGPT)'이라는 기능이 있다. 챗GPT를 켜고, '설정'에 들어가서 '데이터 제어' 메뉴를 선택하면 이 기능의 활성화 여부를 조정할 수 있다. 기본적으로 '켜짐' 상태로 되어 있다. 현재의 AI를 더욱 똑똑하게 만들기 위한 개선 작업에 사용자와 챗GPT의 대화를 활용해도 된다고 공유를 허락하는 것이다.

이 기능을 '켜짐'으로 해 놓으면 사용자가 입력한 프롬프트와 그에 따라 반응한 AI의 응답 내용이 더 나은 AI 모델을 만들기 위한 학습 데이터로 공유된다. AI는 이 데이터를 활용해 기존 응답 내용을 평가하고, 문제점이 있었는지, 사용자에게 더욱 도움이 되었던 답변은 무엇이었는지 등을 학습하면서 업그레이드를 진행한다.

우리가 AI를 사용하면 사용할수록 AI를 성장시키는 데 기여하게 되는 구조이다. 결과적으로 전 세계의 사용자들이 공유를 통해서 AI의 전반적인 수준을 높이기 위한 집단 지성을 발휘하는 셈이다.

경험을 나눌수록 강해지는 조직

AI 사용의 확산은 이제 막을 수 없다. 조직이 사용을 제한하더라도 구성원들은 조직의 감시가 닿지 않는 어둠의 경로를 이용해서라도 AI의 도움을 받고 있다. 어차피 막을 수 없는 흐름이라면 어떻게 잘 활용할지를 고민하는 게 더욱 지혜로운 선택이다. 투명하게 AI를 업무에 활용할 수 있는 조직문화를 만들기 위해서 리더의 고민이 필요하다. 그러려면 구성원들이 각자의 AI 사용 경험과 노하우를 공유할 수 있도록 장려해야 한다.

'구글(Google)'에서는 정기적으로 'AI 프롬프트 공유 세션'을 운영하며 성공적인 AI 활용 사례를 조직 내 공유하고 있다. 영국의 법률회사 '슈스미스(Shoosmiths)'는 AI 활용에 대한 인센티브 제도까지 마련하면서 구성원들의 AI 사용 확대와 경험 공유를 장려하고자 했다. 이외에도 많은 기업들이 사내에서 AI 관련 지식과 노하우를 공유하기 위한 플랫폼을 구축하는 등의 다양한 노력을 시도하고 있다.

AI가 앞으로 어디까지 발전할지는 그 누구도 확신할 수 없다. 불확실성이 클수록 우리는 다양한 시도와 경험들을 서로 공유하며 합리적인 대응 방안을 찾아가야 한다. 집단 지성은 언제나 새로운 도전을 할 수 있도록 돕는 훌륭한 무기가 되어 왔다.

AI 시대에도 마찬가지이다. 리더는 조직 내 구성원들이 자신만의 AI 사용 경험을 활발하게 공유할 수 있는 환경을 조성해야 한다. 구성원들의 다양한 의견 교환과 경험의 공유가 이어진다면, AI가 가져오는 새로운 변화에도 유연하게 대처할 수 있을 것이다.

AI 시대 조직문화의 핵심, 심리적 안전감

도전보다 침묵이 쉬운 이유

앞서 우리는 AI 활용에 대한 선제적인 학습 활동과 다양한 사용 경험의 공유가 필요하다고 이야기하였다. AI라는 기술에 대해서 아직 잘 모르지만 과감하게 먼저 다가가 도전해 보고, 여러 시도를 해 보면서 성공과 실패의 경험을 쌓아 가야 한다는 의미이다.

그렇다면 조직 내 구성원들은 우리가 바라는 것만큼 도전과 시행착오를 거치는 능동적 태도를 보여 줄 수 있을까? 아쉽게도 구성원들에게 그러한 모습을 기대하기는 어렵다. 큰 변화를 앞두고 먼저 나서서 선구자 역할을 자처하는 사람은 조직 안에서 쉽게 찾아보기 힘들다. 한번 생각해 보자.

'새로운 프로젝트를 진행해야 할 때 손을 번쩍 들고 내가 한번 해

보겠다고 자처했던 사람이 얼마나 있었는가?'

'어려운 문제 상황을 마주했을 때 책임지고 해결해 보겠다며 팔을 걷어붙였던 사람을 자주 만나 본 적이 있던가?'

안타깝지만 잠깐의 부서 회의 시간에도 조용히 침묵하는 모습을 보는 게 대부분의 조직이 겪고 있는 현실이다. 조직 안에서 자신의 의견을 표출하고, 전면에 나서는 일은 생각보다 쉽지 않다.

AI 기술 도입이라는 큰 변화 속에서 구성원이 먼저 주도적인 모습을 보이는 것은 더욱 어렵다. AI에 대해서 경영진과 리더들은 모두 큰 관심을 가지고 있지만, 정작 AI에 대해 잘 아는 사람은 조직 안에 아직 거의 없는 상황이기 때문이다. 괜히 어설프게 의견을 하나 냈다가는 곧바로 T/F라도 만들어지면서 온갖 일을 떠안게 될지도 모른다는 걱정도 생긴다.

더욱이 AI가 사람을 대체할 거라는 말도 심심치 않게 들리는데, 굳이 스스로 나서서 우리의 일자리를 없애는 일에 적극 동참할 가능성은 더욱 희박하지 않겠는가?

성공하는 조직의 전제 조건, 심리적 안전감

조직이 성장하기 위한 필수 요소로 최근 가장 주목받는 것 중 하나가 바로 '심리적 안전감(Psychological Safety)'이다. 이 개념은 하버드 비즈니스 스쿨의 '에이미 에드먼슨' 교수가 쓴 도서 《두려움 없는 조직》을 통해서 더욱 많이 알려지게 되었다. 이 책에서 그녀는 적극적으로 혁신과 학습을 추구하는 조직이 되기 위해서 먼저 심리적 안전감을 확보해야 한다고 주장한다. 구성원들은 조직 내에서 비난이나 처벌을 받지 않을 것이라는 신뢰가 있어야 자신의 생각을 편안하게 표현할 수 있기 때문이다.

■ '구글'의 아리스토텔레스 프로젝트

수많은 기업들도 조직 내 높은 심리적 안전감을 확보하기 위해서 다양한 노력을 기울이고 있다. '구글'은 고성과 조직의 주요 요인을 밝히기 위한 연구 활동 '아리스토텔레스 프로젝트'를 진행했다. 연구를 통해서 심리적 안전감이 팀 성과 창출에 가장 중요하다는 결론을 내릴 수 있었다. 이후 구글에서는 리더십 평가에 '심리적 안전감을 조성하는 능력'을 중요한 평가 항목으로 포함시키는 등의 제도적 장치도 마련하여 운영하고 있다.

■ 심리적 안전감을 위한 '에어비앤비'의 노력

'에어비앤비'도 심리적 안전감을 강조하는 기업으로 잘 알려져 있다. 코로나 19로 전 세계의 사람들이 여행을 멈췄을 때, 이들은 부득이하게 인원 감축을 진행해야만 했다. 이 시기를 겪으면서 심리적 안전감의 중요성을 더욱 크게 절감했다. 에어비앤비는 구성원들에게 정보를 투명하게 공유하고자 한다. 특히 구조조정 등과 같이 민감한 정보를 루머 형태로 인지하게 되는 일이 없도록 구성원들에게 먼저 정확한 정보를 신속하게 전달하려고 노력한다. 구성원들이 느낄 수 있는 불안감을 최소화하려는 것이다.

AI 도입을 위한 리더의 선결 과제

AI 트랜스포메이션이라는 큰 변화 과제를 앞둔 상황에서도 조직과 리더는 심리적 안전감을 먼저 확보할 수 있도록 해야 한다. 누군가가 AI 활용에 대한 아이디어를 제시하더라도 의견 제안자에게 고스란히 다시 돌아와 혼자서 감당해야 할 업무 부담이 되지 않는다는 믿음을 줘야 한다. 개인의 과제가 아닌 조직 차원에서 함께 검토하고 대응해 갈 것이라는 업무 방침을 명확하게 밝혀야 한다.

또한 AI 기술이 확대되면서 AI가 기존의 일자리를 빼앗거나 전면적인 조직 개편이 실시되는 등 구성원에게 당장의 불이익으로 다가오는 일이 없을 것이라는 안전감도 제공해야 한다. 불안감은 줄이고 오히려 AI 중심으로의 업무 전환이 가져올 수 있는 긍정적 효과에 대한 기대감을 심어 줘야 한다. 기존에 비효율적이었던 업무 프로세스를 개선할 수 있고, 상대적으로 덜 중요한 일에 낭비되고 있던 구성원의 시간과 에너지를 절약하여 업무적 여유를 확보할 수 있는 가능성 등의 청사진을 그려 주는 게 필요하다.

안전감이 가져오는 선순환

높은 심리적 안전감은 실패를 해도 괜찮고, 오히려 그것을 배움의 기회로 받아들이는 조직 분위기를 조성한다. 실패를 통한 학습을 장려하는 분위기는 구성원들이 AI에 대해 가지고 있던 막연한 두려움을 없앤다. 그동안 익숙하지 않아서 사용을 꺼렸던 AI를 보다 적극적으로 익히고, 다양한 업무에 적용해 보는 시도를 할 수 있게 된다.

침묵으로 일관하던 구성원들을 능동적인 태도로 변화시키는 것도 심리적 안전감이다. 충분한 안전감이 확보되면 구성원들은 비난이나 질책을 받지 않는다는 믿음으로 자기 생각을 소신 있게 꺼낼 수 있게 된다. 주변의 눈치를 보지 않고 자유롭게 의사를 표시함으로써 적극적인 상호 피드백도 가능해진다. 그리고 점차 활발하게 의견을 교환하는 소통의 조직문화가 자리 잡게 될 것이다.

리더는 구성원들이 AI에 대해서 안심하면서 여러 시도를 해 보고, 실패하면서도 배울 수 있는 업무 환경을 만드는 데 힘써야 한다. 안전한 조직이어야 구성원들은 각자의 사용 경험과 학습 내용을 적극적으로 공유할 수 있다. 그리고 공유가 이어지면서 점차 AI와 더욱 효율적으로 일하기 위한 우리 조직만의 일하는 방식을 만들어 갈 수 있을 것이다.

규칙이 있는 조직은
변화 속에서도 흔들리지 않는다

기껏 AI를 도입했더니 생긴 일

주식회사 인공전자의 '강지능 팀장'은 최근 골치가 아프다. 얼마 전 회사에서는 시장 변화의 흐름에 발을 맞추기 위해서 본격적으로 생성형 AI를 도입하기로 결정했다. 강지능 팀장과 함께 일하는 구성원들은 여러 업무 상황에서 적극적으로 AI를 활용하기 시작했다. 처음에는 업무 생산성이 높아지는 것처럼 보였다. 그런데 언젠가부터 사무실에 크고 작은 언쟁들이 자주 발생하게 되었다. 무슨 일이 일어난 걸까? 구체적인 상황을 살펴보도록 하자.

■ 발표 자료의 AI 사용 여부 표시에 대한 논쟁

강지능 팀장은 김 대리와 최 대리에게 경영진 보고를 위한 발표 자료 준비를 지시했다. 둘은 '제미나이(Gemini)'를 활용하여 자료 조사를 진행했고, '감마(Gamma)'를 이용해 프레젠테이션 슬라이드를 구성했다. 처음에는 생성형 AI 덕분에 평소보다 작업 시간을 절약했다며 좋아했다. 그런데 무슨 일인지 마지막 슬라이드 한 장을 남겨 두고 작업이 멈춰 버렸다.

김 대리는 AI의 도움을 받았으니 발표 자료 마지막에 'AI 사용 여부'에 대해 표시하자고 이야기했다. 최 대리는 황당한 표정을 지었다. 결국 우리가 한 것인데 굳이 밝힐 필요가 있냐는 입장이었다. 둘의 논쟁은 쉽게 결론이 나지 않았다. 강지능 팀장은 김 대리와 최 대리에게 어떻게 가이드를 줘야 할지 고민이 깊어졌다.

■ **생성형 AI로 만든 이미지의 저작권 문제**

지난주에 강지능 팀장은 박 과장에게 홍보물 제작을 맡겼었다. 박 과장은 '미드저니(Midjourney)'로 이미지를 생성했고, 이를 활용한 디자인 시안을 완성했다. 그런데 오늘 아침 법무팀으로부터 급하게 전화가 걸려왔다. 생성형 AI로 만든 이미지는 저작권 문제가 발생할 위험이 있으니 박 과장의 시안을 당장 폐기하라는 것이다. 법무팀과 크게 싸우고 돌아온 박 과장은 강지능 팀장을 붙잡고 하루 종일 하소연을 늘어놓았다. 다시 처음부터 일을 시작하기에는 많이 늦어 버렸는데 이를 어떻게 처리해야 할지 근심이 커진다.

■ 이달의 우수사원, 알고 보니 챗GPT의 결과물

강지능 팀장은 김 사원을 공개적으로 칭찬했다가 난감한 상황에 빠진 적도 있었다. 김 사원이 제출한 보고서의 아이디어가 독창적이어서 '이달의 우수사원'으로 추천한 게 문제가 되었다. 알고 보니 김 사원의 보고서는 '챗GPT'가 대부분 작성한 것으로 밝혀졌다. 이에 다른 팀원들은 공정성 문제를 제기했고, 김 사원은 AI를 잘 활용하는 것도 능력이라며 억울해했다. AI 도입 후 하루도 조용한 날이 없는 강지능 팀장에게는 무엇이 필요했을까?

조직에 필요한 규칙, 워크웨이

강지능 팀장의 이야기는 업무에 대한 AI 활용 비중이 커졌을 때 조직에서 리더가 겪을 수 있는 여러 문제 상황들을 예상해 본 것이다. 구성원들은 AI를 활용한 업무 처리 방식에 대해서 서로 다른 입장과 생각을 가지고 대립할 수 있다. 이때 조직은 명확한 업무 규칙을 제시할 수 있어야 한다. AI 사용에 대한 규칙을 가지고 있는 조직이라면 불필요한 언쟁과 에너지 낭비 없이 효율적인 업무 진행이 가능해질 것이다.

조직에서 업무를 수행하다 보면 여러 애매모호한 상황들이 펼쳐진다. 업무 지시는 어떻게 하고, 보고는 언제 해야 할지, 어떤 일에 협업을 요청해야 할지 등 판단하기 어려운 일들이 자주 발생한다. 여러 상황들을 마주하며 구성원들은 혼란을 느낀다. 여기에 AI까지 더해진다면 구성원들이 느끼는 어려움은 더욱 커질 것이다. 이때 필요한 게 바로 '워크웨이(Work way)'이다. 워크웨이는 다음과 같이 정의할 수 있다.

> 워크웨이는 조직 내 구성원이라면 누구나 지켜야 할 업무수행의 규칙을 의미한다.

다시 말해, 우리 조직이 가지고 있는 비전, 미션, 핵심 가치를 실현하면서 높은 성과를 만들어 내려면 구체적으로 어떤 방식으로 일을 해야 하는지 명확한 가이드를 제시하는 것이다. 워크웨이가 잘 정립되어 있는 조직이라면 일을 하다가 마주하게 되는 여러 문제 상황 속에서도 구성원들이 우왕좌왕하지 않는다. 워크웨이가 판단과 행동의 기준이 되기 때문이다.

혹시 워크웨이의 개념이 아직 머릿속에서 잘 그려지지 않는다면 국내의 한 기업을 참고하면 도움이 된다. 바로 '배달의 민족' 애플리케이션을 운영하고 있는 '우아한 형제들'이다. 그들의 사옥이 잠실에 위치한 이유에서인지 《송파구에서 일 잘하는 방법》이라는 재미있는 제목으로 워크웨이를 만들어 놓았다. 그들의 워크웨이의 본문 내용은 더욱 흥미롭다. 예를 들면,

'9시 1분은 9시가 아니다.'

라는 문구가 첫 번째로 적혀 있다. 업무를 진행할 때에 근태, 미팅 등과 같이 시간과 관련된 약속을 반드시 지키자는 의미를 담은 것이다. 시간 준수가 생명인 '배달 서비스'를 업으로 하고 있는 곳이니 '시간'이라는 가치에 중요성을 더욱 강조한 것이 아닐까 생각된다.

워크웨이는 한번 만들었다고 영원히 유지되는 것은 아니다. 시장 환경과 조직의 상황이 변화하는 것에 따라서 워크웨이의 내용도 수정되어야 한다. 많은 기업들이 펜데믹으로 재택근무를 진행했을 때, 비대면 근무 상황에서 함께 지켜야 할 업무 약속을 마련하기도 했었다. 화상회의는 어떻게 진행할지, 근태는 어떻게 확인할지 등의 세부적인 규칙을 세우는 것이다. 시대의 흐름에 맞춰서 워크웨이도 변화해야 하는 것이라면, AI가 조직에 들어오고 있는 현시점에 맞는 업무 규칙도 필요하다.

안타깝게도 현실은 無규칙

조직에서 AI를 업무에 활용하는 비중은 빠르게 늘어나고 있다. 하지만 조직 차원에서 구성원들에게 구체적으로 AI를 어떻게 사용해야 하는지 가이드까지 제시하는 곳은 별로 없는 상황이다.

2024년에 협업 소프트웨어 '슬랙(Slack)'은 약 1만 명의 사무직 근로자를 대상으로 설문 조사를 실시하였다. 직장 내 생성형 AI 활용에 대한 실태를 확인하는 조사였다. 설문에는 AI 도구를 활용할 때에 별도 지침을 받은 적이 있는지 묻는 문항도 포함되어 있었다. 설문 결과, 전체 대상자의 약 절반 규모인 40% 이상이 AI 사용 가이드를 받은 적이 없다고 응답하였다.

데이터 보안 전문업체인 '베리타스 테크놀로지(Veritas Technologies)'가 전 세계 11개국을 대상으로 진행한 설문 조사에서도 비슷한 결과를 확인할 수 있었다. 직원들에게 AI 사용 지침을 제공하고 있는 기업은 약 36%에 불과했던 것이다. 이러한 설문 결과보다 현실은 더욱 심각하다는 의견도 있다. 미국의 컨설팅 전문업체 '제이골드 어소시에이트(J. Gold Associates)'는 조직으로부터 AI에 대해서 아무런 가이드를 받지 못하는 비율이 실제로는 거의 70~80% 수준에 이를 것이라고 주장하였다.

기업뿐만 아니라 각 국가들도 AI 활용에 대한 정부 차원의 지침과 법적 안전망을 마련하기 위해 서두르고 있다. 우리나라의 경우에는 2024년 연말에 AI 기본법이 국회 본회의를 통과하여 시행을 앞두고 있다. AI 기본법이 준비되면서 각 기업들은 법에서 정한 내용을 참고하여 AI 활용 내부 지침을 마련할 수 있으리라 기대하였다. 하지만 현재 AI 기본법의 내용이 다소 모호하고 구체성이 떨어져 보완이 필요하다는 지적들이 많다. 결국 기업들은 당장 급한 대로 자신들의 필요에 따라서 AI 사용 가이드를 자체적으로 만들어 가야 할 것으로 보인다.

우리만의 AI 활용 규칙 만들기

조직 내 AI 활용에 대한 명확한 규칙이 없으면 앞서 소개한 김지능 팀장의 고달픈 사연이 조만간 우리 리더들의 현실이 될지도 모른다. AI를 안전하면서 효율적으로 활용할 수 있는 우리 조직만의 업무 규칙을 마련할 필요가 있다. 회사 차원에서 고민하여 규칙을 정립하면 가장 좋다. 그러나 만약 현실이 그렇지 못하다면 팀장이 영향력을 발휘할 수 있는 범위 안에서라도 구성원들과 함께 지켜 갈 규칙을 만들어야 한다.

어떤 종류의 업무를 진행할 때에 AI의 도움을 받을 수 있는지, 어떤 상황에서는 AI 사용이 금지되는지 업무 영역의 가능 범위를 정리해야 한다. 업무에 AI의 도움을 받았다면 그 결과물은 어떻게 활용할 것인지도 협의해야 한다. AI가 생성한 원본 그대로를 활용할지 아니면 별도의 작업을 반드시 거치도록 할 것인지 기준을 정해야 한다. AI를 활용 때에 구성원들이 가질 수 있는 애매모호함이 최대한 없도록 우리만의 규칙을 가지고 있어야 한다.

《송파구에서 일 잘하는 방법》이 있는 것처럼 내가 일하고 있는 《장충동에서 AI와 함께 일 잘하는 방법》을 만들어 본다면 어떤 규칙들을 제시할 수 있을까? 함께 일하고 있는 구성원들(승준, 창연, 성기, 세연, 정민)과 이후에 협의하는 과정을 반드시 거쳐야겠지만 머릿속에 떠오르는 아이디어로 초안을 다음과 같이 작성해 보았다.

장충동에서 AI와 함께 일 잘하는 10가지 방법

1. **AI를 잘 쓰는 것도 인정받아야 할 개인의 능력이다.**
   - 사용하라고 만들어 놓은 도구는 숨기지 말고, 눈치 보지 말고, 잘 쓰면 된다.

2. **질문이 똑똑해야 대답도 똑똑하다.**
   - 가는 말이 고와야 오는 말이 곱듯, 똑똑한 프롬프트 입력이 좋은 결과를 만든다.

3. **AI도 틀릴 수 있음을 항상 기억하자.**
   - AI가 만들어 내는 환각에 빠지지 않도록 늘 비판적 사고를 가져야 한다.

4. **사람과 AI 모두에게 솔직하게 피드백한다.**
   - 솔직한 피드백이 성장을 이끈다. AI의 응답도 피드백을 통해 더욱 나아진다.

5. **어떤 상황에서도 효율보다 안전이 먼저다.**
   - 빠르고 편리하더라도 보안, 윤리, 안전만큼은 결코 타협할 수 없다.

6. **AI가 무슨 일을 하더라도 책임은 결국 내가 진다.**
   - 법적 이슈, 정보 보안 등에 문제가 되지 않을 범위 안에서만 AI를 사용한다.

7. **될까 싶은 일들도 일단 AI와 함께 시도해 본다.**
   - 최대한 다양한 업무에 AI를 활용한 개선 방법이 없을지 고민해 본다.

8. 알게 된 노하우는 혼자 알지 말고, 아낌없이 나눈다.
   - 새롭게 학습한 AI 활용 방법들은 구성원들과 공유하며 확산시킨다.
9. AI에게 물어본 만큼 사람에게도 물어본다.
   - 나만의 생각에 갇히지 않도록 다양한 관점과 의견을 들어야 한다.
10. 하루에 한 번은 동료들과 대화한다.
    - AI 시대에도 소중한 조직문화와 유대감을 잃지 않도록 함께 노력해야 한다.

AI 기술을 조직에 도입만 하면 끝나는 게 아니다. 명확한 규칙 없는 AI 트랜스포메이션은 구성원들의 혼란만 더욱 커지게 할 뿐이다. 어떻게 AI를 업무에 활용해야 안전하면서도 효과적일지에 대한 구체적인 가이드 제시가 필요하다.

처음부터 완벽한 기준을 만들 수는 없다. 리더와 구성원 모두가 함께 지켜 갈 수 있도록 작은 단위의 업무 약속부터 만들어 가는 순차적 접근이 중요하다. AI 시대라는 큰 변화 속에서도 조직이 흔들리지 않도록 분명한 기준점을 마련하도록 하자.

유대감과 조직력을 높이는
의도적 만남

현실이 된 영화 이야기

미국 로스앤젤레스에서 살고 있는 남자 '테오도르'는 아내와 별거 중이다. 외롭고 공허한 일상을 보내던 그에게 어느 날 작은 변화가 생긴다. 새롭게 구입한 인공지능 운영체제 때문이었다. '사만다'라는 이름을 가진 인공지능 운영체제는 마치 사람처럼 대화를 나눌 수 있었다. 테오도르는 사만다와 여러 이야기를 주고받으면서 공감과 위로를 경험하다가 급기야 사랑의 감정까지 느끼게 된다. 직접 만날 수 없는 인공지능이었지만 테오도르는 사만다를 사랑하면서 그동안 느끼지 못했던 행복을 경험한다.

이 이야기는 배우 '호아킨 피닉스'가 주연한 영화 〈그녀(Her)〉의 줄거리이나. 영화가 개봉한 건 2014년이었다. 그런데 최근 AI 기술이 급격하게 발전하면서 이 영화는 다시금 사람들로부터 큰 관심을 받고 있다. 10년 전 개봉했을 당시에 창의적인 상상을 잘 연출했다는 평가를 받았던 영화 내용이 점차 실제 현실 속 상황이 되어 가고 있기 때문이다.

SBS의 간판 시사 프로그램인 〈그것이 알고 싶다〉에서는 2025년 4월에 흥미로운 주제를 방송하였다. 제목은 바로 'AI와 사랑에 빠진 사람들'이었다. 생성형 AI와 대화를 나누던 사람들 중에 상당수가 AI에게 사랑의 감정을 느끼고 실제 연인 관계까지 가지고 있다는 내용이었다. 방송에서는 AI와 함께 여행을 떠나며 사랑 고백이 담긴 대화를 속삭이는 장면도 나오고, 결혼과 같이 미래에 대해서 진지하게 논의하는 모습도 볼 수 있었다.

이들에게 AI를 단순한 기계가 아닌 애인으로까지 느끼게 된 계기가 무엇이었는지를 물어보면, 대부분 같은 답변을 했다. AI가 누구보다 나의 말에 귀를 기울여 주고, 나에 대해서 잘 기억해 주며, 따뜻한 말을 해 준다는 것이다. 이러한 모습은 기존에 사람과의 관계에서는 경험할 수 없던 것이었으며, AI로부터 더 큰 위로와 다정함을 느낄 수 있었다고 대답했다. 사람보다 AI가 심적으로 더욱 의지가 되고, 마음이 열린다는 것이다.

AI가 만드는 사회적 고립

많은 전문가들은 AI가 우리의 일상생활 속에 깊게 자리할수록 사람보다 AI와의 소통을 더욱 선호하게 될 수 있다고 말한다. 그리고 이러한 현상은 결과적으로 외로움의 감정을 더욱 크게 만들 수 있다고도 경고한다. MIT의 '셰리 터클(Sherry Turkle)' 교수는 그녀의 저서《외로워지는 사람들》에서 챗봇과 같은 AI와의 대화가 증가함으로 인해 사람들이 점차 공감과 사회성 기술을 잃고, 고립되어 갈 수 있음을 지적하였다.

스탠포드 대학교의 정신과 교수인 '엘리아스 아부자우데(Elias Aboujaoude)'도 비슷한 의견을 제시했다. AI와 과도하게 상호 작용을 해 온 사람은 현실 속 인간관계보다 AI에 더욱 의존하게 될 수 있다고 이야기한다. 이로 인해 사람과의 관계성을 만들어 가는 기술이 점차 저하되면서 사회적 고립감을 심화시킬 수 있다는 것이다. 그렇다면 AI가 도입된 상황에서 조직의 문화와 구성원들 간의 관계는 어떻게 변화하게 될까?

AI와 일하면서 잃게 되는 것들

조직 안에서 AI가 완전하게 일상화된 상황을 상상해 보자. 모든 구성원늘은 항상 AI와 힘께 업무를 진행한다. 구성원들은 AI에게 다양한 역할을 부여하고, 각각의 페르소나와 대화를 나누면서 일을 처리한다. 상황에 따라서 AI는 구성원을 돕는 비서가 되기도 하고, 함께 의견을 나누는 동료가 되어 주기도 한다. 조언이 필요할 때에는 외부 전문가의 역할을 수행할 수도 있다. 이러한 업무 상황의 변화는 조직문화에도 상당한 영향을 미친다.

■ 사람을 찾지 않는 구성원들

첫째, 사람보다 AI와 대화를 나누는 시간이 더 많아진다.

업무 진행 중 도움이 필요할 때에 구성원은 더 이상 사람을 찾지 않는다. 자료 조사, 문서 작성, 데이터 분석 등 거의 모든 업무에서 사람이 아닌 AI의 도움을 받는 걸 선호하게 될 것이다. 누군가에게 길게 설명할 필요 없이 그저 프롬프트 몇 줄만 입력하면 금방 결과물이 만들어지기 때문이다. 구성원들 간의 상호 작용 기회는 대폭 축소되고, 심리적 거리감은 크게 증가할 것이다. 원래 몸에서 멀어지면 마음도 멀어지는 법이다.

■ 상하 관계와 도제식 육성 시스템의 약화

둘째, AI에게 의존하는 경향이 점차 심화된다.

구성원 입장에서는 업무 수행에 필요한 정보와 지식을 리더나 선배로부터 전수받는 것보다 AI의 도움을 받는 게 훨씬 편리하다고 느낄 것이다. 사실 상위자에게 뭔가 질문을 하고, 부탁하는 것은 눈치도 보이고 좀처럼 쉬운 일이 아니지 않은가. 상급자 역시 굳이 본인의 시간과 에너지를 써 가면서 멘토 역할을 자처하는 일은 없어질 것이다. 오랜 시간 동안 조직을 유지해 왔던 상하 관계와 도제식 육성 시스템은 급격히 약화될 것이다.

■ **전체 조직 역량의 퇴보**

셋째, 협업보다는 혼자 일하는 분위기가 강화된다.

구성원들의 AI 사용 경험이 쌓이고, 활용 능력이 향상될수록 점차 다양한 일들을 혼자서 할 수 있게 될 것이다. 여러 사람이 함께 해야 가능했던 일들을 단독으로도 처리할 수 있게 된다. 당장은 구성원 개인의 역량이 발전하는 긍정적 효과를 경험할 수 있다. 하지만 구성원 간 시너지를 발휘하는 일들은 점점 사라지게 된다. 구성원들이 가지고 있는 개인 역량의 합보다 전체 조직 역량이 작아질 수 있다. 결국 개인은 성장했지만 조직은 그대로 머물러 있거나 오히려 퇴보할지도 모른다.

AI 시대 속 조직에게 꼭 필요한 것, 의도적 만남

AI 활용의 비중이 점차 증가하면서 조직력이 약해지는 문제는 어떻게 대응해야 할까? 어떤 문제든 가장 좋은 해결 방법은 문제가 발생하기 전에 미리 예방하는 것이다. 소 잃고 외양간을 열심히 고쳐 봐야 이미 집을 나간 소는 다시 돌아오지 않는다. AI 시대에도 조직력을 지키기 위해서 리더는 '의도적 만남'을 만들어야 한다. AI와 함께 일하는 상황에서도 구성원들끼리 교류할 수 있는 시간과 기회를 충분히 확보해 줘야 한다.

애니메이션 제작사 '픽사(Pixar)'도 의도적 만남 덕분에 수많은 창의적인 작품들을 탄생시킬 수 있었다. 픽사의 스튜디오 건물 중앙에는 넓은 광장이 자리를 차지하고 있다. 이 광장을 중심으로 좌측에는 기술 분야 사무실이, 우측에는 예술 분야 사무실이 위치하고 있다. 마치 사람의 좌뇌와 우뇌를 연상시키는 배치이다. 중앙광장에는 화장실, 회의실, 카페테리아 등의 주요 편의시설들이 모여 있다. 그러다 보니 직원들은 일을 하다가 수시로 중앙광장에 나오게 되고 이곳에서 여러 동료들을 자연스럽게 만나게 된다.

이러한 독특한 건물 구조는 픽사의 창업자 '스티브 잡스'가 스튜디오를 건축할 때부터 의도적으로 설계한 것이었다. 스티브 잡스는 구성원들이 서로 자주 만나 각자 가지고 있는 전문 지식과 독특한 경험들을 공유하면서 창의적인 아이디어들을 만들어 가길 바랐다. 공간 설계를 통해 의도적 만남의 기회를 마련한 것이다.

실제로 픽사의 중앙광장에서는 기술 분야와 예술 분야의 전문가들이 수시로 모여서 이야기를 나눈다. 이들의 대화는 자연스럽게 협업으로 이어지게 되고, 우리가 잘 알고 있는 〈토이 스토리〉, 〈인사이드 아웃〉과 같이 성공적인 작품들을 만들어 냈다.

의도적 만남을 위한 시간 활용

공간이 아닌 시간을 활용해 의도적 만남의 기회를 만드는 것도 좋은 방법이 된다. 하루의 업무를 시작할 때에 잠시 10분 정도 팀원들과 모여서 '스크럼(Scrum)' 미팅을 진행할 수 있다. 각자 오늘은 어떤 이슈가 있는지, 무슨 일을 하고 있는지 대화를 나누면서 서로 정보를 공유하는 것이다.

나는 2주 간격으로 수요일 점심 식사 후에 팀원들과 정기적으로 모이는 시간을 가지고 있다. 우리는 이 시간을 '팀십(Teamship)'이라고 부른다. 약 30분에서 길면 1시간 정도로 모임을 갖는데, 당일 업무가 바쁘거나 외부 미팅 등이 있는 경우에는 참석하지 않아도 무방하다.

일단 모일 수 있는 팀원끼리 모여서 서로를 알아 가고, 가까워질 수 있는 활동을 진행한다. 예를 들면 나의 최애 맛집, 요즘 자주 듣는 음악, 인생 영화, 추천하는 국내 여행지 등 다양한 주제를 선정해 스몰토크를 나눈다. 때로는 간단한 게임을 진행하기도 한다.

평소 팀원들이 숨 돌릴 틈도 없이 자기 일에만 몰두하고 있는 모습에 안타까운 마음이 들었다. 잠시라도 여유를 가지면서 서로 유대감을 쌓아 가길 바라는 마음으로 정기적인 교류의 시간을 마련한 것이다. 참여하는 팀원들의 반응도 상당히 좋은 편이다.

조직문화를 지키기 위한 우리의 노력

회사 차원에서도 직원들이 대면하여 교류할 수 있는 다양한 기회를 만드는 노력이 필요하다. 현재 내가 일하고 있는 'HSG 휴먼솔루션그룹'에서는 매일 오후 2시 30분이 되면 사무실의 카페테리아에 스트레칭 영상이 재생된다. 직원들은 삼삼오오 모여서 영상 속 동작을 따라 하며 몸을 풀어 본다. 온종일 일에 집중하다가 잠시 휴식을 취하면서 동료들과 이야기를 나눌 수 있는 시간을 운영하고 있다.

재미있는 이벤트도 자주 진행한다. 봄꽃이 피는 계절이 되면 남산 둘레길 산책을 다녀온다. 여름에는 수박화채를 만들어서 나른한 오후에 잠시 모여서 먹기도 한다. 직원들에게 평소 사용하지 않는 물건들을 가져와 달라고 해서 회사 옥상에 진열해 놓고 선선한 가을바람과 함께 플리마켓을 연 적도 있다. 겨울에는 사무실에 커다란 크리스마스트리를 하나 가져다 놓고 함께 꾸미는 시간을 갖는다.

이렇게 이야기하면 회사에 매일 놀러 가는 줄 아는 사람들도 있다. 그러나 현실은 전혀 그렇지 않다. 평소 우리 사무실의 분위기는 거의 도서관 수준에 가깝다. 구성원들 모두 자기 업무에 집중하느라 잡담 한 번이 없다. 너무 일에만 집중하다 보면 구성원들끼리 교류가 없어지고, 우리가 만들어 온 유대감과 조직문화가 훼손될 수 있으니 이를 방지하기 위해 의도적으로 다양한 만남의 시간을 갖는 것이다.

우리가 진행해 온 문화 활동에 대한 구체적인 내용과 모습들은 회사 공식 블로그(http://blog.naver.com/hs_group)에 모두 포스팅해 놓았으니 누구든지 쉽게 확인할 수 있다.

기술 도입과 함께 리더가 챙겨야 할 것

AI의 도움으로 개인은 이전보다 많은 것들을 혼자서 처리할 수 있게 되었다. AI 기술이 발달하면서 개인의 생산성은 계속 높아질 것이다. 그러나 조직의 상황은 그렇지 못하다. 구성원 간 상호 작용의 기회는 줄어들고 있고, 협업의 수준은 약해지고 있다. 사람과 함께 일하는 것보다 AI를 활용해 혼자 일하는 것에 익숙해지면서 동료들과의 유대 관계는 느슨해지고 있다. 결국 개인들의 역량은 커졌지만 조직의 역량은 줄어드는 이상 현상이 발생하게 될지도 모른다.

이러한 현상을 방지하기 위해서 조직 내 구성원들 간의 의도적 만남이 필요하다. 물리적 공간을 설계하거나, 정기적인 시간을 따로 확보해서라도 지속적인 교류의 기회를 만들어야 한다. AI 기술의 도입과 확산이 업무 생산성은 올리되 기존의 조직문화를 해치거나 구성원 간 신뢰 관계를 저해하지 않도록 선제적 대응이 필요하다.

AI 시대에도 사람과 사람 사이의 연결과 소통은 지속 가능한 성장을 위한 필수 요소이다. 리더는 기술 도입 외에도 조직문화와 인간관계를 유지하기 위한 노력까지 신경 써야 한다.

5부

AI로
리더십을 키울 수 있을까?

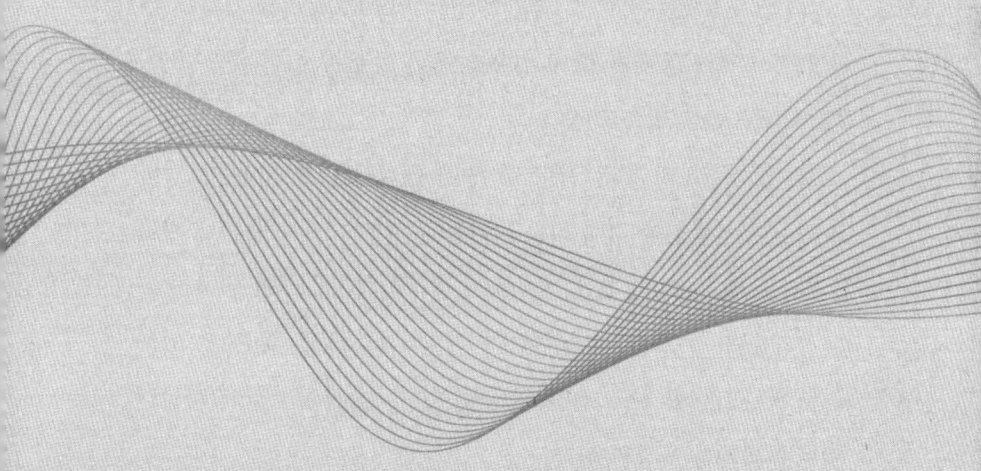

NEW LEADERSHIP IN THE AI ERA

채용 파트너:
Right People을 찾는 AI 활용법

리더가 발휘해야 할 첫 번째 리더십, 채용

리더가 구성원들에게 제공할 수 있는 최고의 복지가 있다면 무엇일까? 구성원들에게 함께 일하기 좋은 동료를 뽑아 주는 것이 최고의 복지라고 말하고 싶다.

조직에 적합하지 않은 사람 한 명이 들어왔을 때, 기존에 일하고 있던 구성원들이 겪게 되는 어려움은 너무나도 커진다. 조직의 분위기를 망치고, 엄청난 비효율이 발생하게 된다. 뽑은 사람을 다시 내쫓을 수도 없다. 팀원들과 긴밀하게 호흡을 맞출 수 있는 Right People을 잘 찾고 선발하는 게 리더가 발휘해야 할 리더십의 첫 번째 과제가 아닐까 싶다.

앞의 2장에서 채용 시장 내 생성형 AI를 활용하여 서류와 면접을 준비하는 지원자들이 대폭 증가하고 있는 문제점을 다뤘다. 이러

인해서 면접관 역할을 수행하는 리더들은 적합한 인재를 구별해 내기 위해 더욱 철저한 준비가 필요해졌다. 다양한 채용제도와 선발 도구들이 개발되고 등장했지만, 면접관이 기억해야 할 인재 채용의 본질은 두 가지라고 이야기했다. 일을 잘할 수 있는가를 판단하는 '직무적합도'와 조직에 잘 적응할 수 있는가를 판단하는 '조직적합도'이다.

직무적합도의 기준이 되는 K.S.A 정리하기

먼저 직무적합도는 해당 직무를 수행하는 데 필요한 지식(Knowledge), 기술(Skill), 태도(Attitude)를 중심으로 판단해야 한다. 줄여서 K.S.A! 이미 조직 내 채용을 담당하는 부서에서 직무별 K.S.A를 잘 정리해 놓은 곳도 있겠지만, 만약 그렇지 못하다면 어쩔 수 없이 면접을 진행하는 리더가 스스로 준비해야 한다.

리더 스스로 K.S.A를 정리하는 게 어려울 수 있다. 그렇다면 생성형 AI에게 채용의 파트너가 되어 도와 달라고 요청해 볼 수 있다. 챗GPT에게 가상의 채용 포지션과 회사에 대해 간단히 소개하며, 핵심 역량을 정리해 달라고 입력해 보았다. 아래의 프롬프트 예시를 참고하여 우리 조직에서 현재 채용이 필요한 직무 내용을 반영해 보자. 구체적인 채용 상황을 설명하면 챗GPT가 더욱 적절한 도움을 줄 것이다.

챗GPT를 '채용 파트너'로 활용하기 위한 프롬프트 예시

– 직무적합도 관련

사용자 적합한 인재를 채용하기 위해서 핵심 역량 도출이 필요해. 우리 회사는 외국계 제약사이고, 이번에 채용하는 포지션은 항암제 세일즈를 담당하는 직원이야. 내년에 새롭게 출시하는 우리 회사의 신제품이 경쟁업체의 기존 약품이 상당수를 차지하고 있는 시장에서 성공적으로 진입하게 만드는 것이 가장 중요한 임무야. 이 직원에게 필요한 역량을 3가지로 간단하게 요약 정리해 줘.

챗GPT 외국계 제약사의 항암제 세일즈 포지션에 적합한 인재를 채용하기 위해 도출해야 할 핵심 역량 3가지를 아래와 같이 제안드립니다.

1. 전략적 영업 역량(Strategic Sales Capability)
   – 경쟁이 치열한 시장에서 신약의 가치를 효과적으로 전달하고, 기존 제품을 사용하는 의료진을 설득할 수 있는 능력
   – 데이터 기반으로 타깃 병원 및 의료진을 분석하고, 맞춤형 접근 전략을 수립할 수 있는 능력

2. 과학적 커뮤니케이션 역량(Scientific Communication Skills)
   – 항암제 관련 전문 지식을 정확히 이해하고, 이를 의료진의 수준

에 맞게 논리적으로 설명할 수 있는 능력
- 최신 연구 결과, 임상 데이터 등을 바탕으로 제품의 우수성을 신뢰감 있게 전달할 수 있는 능력

3. 개척정신 및 실행력(Pioneering Spirit & Execution)
- 신규 시장 진입을 주도적으로 추진하며 장벽을 극복하려는 강한 의지와 문제 해결력
- 목표 달성을 위한 지속적인 실행력과 자기 동기 부여 능력

필요하시면 각 역량에 대한 면접 질문 예시나 평가 요소도 도와드릴 수 있습니다.

조직적합도를 판단하는 핵심 가치 찾아보기

우리 회사의 문화나 일하는 방식에 잘 어울릴 수 있을지 판단하기 위해서는 '조직적합도'를 따져 봐야 한다. 조직적합도는 일반적으로 기업의 핵심 가치나 인재상을 기준점으로 활용할 수 있다. 그런데 안타깝게도 우리 회사에 핵심 가치나 인재상이 딱히 정의되어 있지 않은 상황이라면? 또는 그저 형식상 만들어 놓은 단어에 불과해서 현실적으로 딱히 쓸모가 없는 상황이라면?

조직적합도의 기준이 되어 줄 핵심 가치도 AI의 도움을 받을 수

있다. 이번에는 석유화학 제조회사를 가정하고 챗GPT에게 요청해 보았다. 우리 회사가 영위하고 있는 산업의 특성과 채용하는 직무에서 가장 중요한 점을 설명해 주며 키워드를 정리해 달라고 하였다. 각자 회사의 특징을 입력하며 반드시 지켜 가야 할 가치 키워드를 추천해 달라고 요청해 보자.

챗GPT를 '채용 파트너'로 활용하기 위한 프롬프트 예시

– 조직적합도 관련

사용자 우리 회사는 석유화학 제품을 생산하고 있어. 장치산업이기 때문에 급격한 변화보다는 안정적인 운영이 더욱 중요해. 특히 제조 현장에서 안전사고가 발생하면 정말 큰 재해가 될 수 있어서 각별한 주의가 필요해. 안전에 워낙 예민하다 보니 작업 현장은 다소 수직적인 문화도 있어. 이런 조직 특성을 감안했을 때 핵심 가치로 선정하면 좋을 키워드 3가지를 요약해서 제안해 줘.

챗GPT 장치산업 기반의 석유화학 기업, 특히 안전이 최우선이며 안정성과 수직적 조직문화가 존재하는 환경을 고려할 때, 다음 3가지 키워드를 핵심 가치로 제안드립니다.

1. 안전(Safety)

이유: 안전은 단순한 운영 원칙을 넘어서 조직 전체가 공유해야 할 최우선 가치입니다. 작업자, 관리자, 경영진 모두가 일관되게 실천해야 하며, "작은 방심도 큰 사고로 이어질 수 있다"는 인식하에 전사적 문화로 자리 잡아야 합니다.

2. 책임(Responsibility)

이유: 설비, 공정, 품질, 환경, 그리고 안전에 대한 개인과 조직의 책임감을 강조하는 가치입니다. 수직적 구조 속에서도 각자의 역할과 영향력을 자각하고, "내가 하는 일이 현장과 회사 전체에 영향을 준다"는 인식을 강화합니다.

3. 협력(Collaboration)

이유: 수직적 문화 속에서도 원활한 정보 전달과 팀워크는 필수입니다. 특히 사고 예방과 문제 해결에는 부서 간 협업, 상하 간 열린 소통이 결정적입니다. "같이 지키는 안전, 함께 만드는 품질"이라는 인식이 중요합니다.

필요하시면 각 핵심 가치에 맞는 슬로건이나 행동지표도 제안드릴 수 있습니다.

면접장에서 활용할 핵심 질문 만들기

지원자가 적합한 인재인지 판단하기 위해서 질문이 중요하다는 건 이미 면접관들이 잘 인지하고 있다. 그러나 막상 면접 현장에 가 보면 다수의 면접관들이 즉흥적으로 떠올린 질문을 제시하는 경우가 많이 있다. 채용부서가 잘 구조화된 면접질문지를 갖추고 있다면 좋겠지만, 그렇지 못한 경우가 훨씬 많은 게 현실이다.

면접관 스스로 질문을 준비해야 하는 상황이라면 AI에게 도움을 요청할 수 있다. 챗GPT에게 질문을 만들어 달라는 프롬프트를 입력해 보았다. 아래의 예시를 참고해 우리 조직의 채용에서 꼭 물어야 할 핵심 질문들을 만들어 보자.

챗GPT를 '채용 파트너'로 활용하기 위한 프롬프트 예시

– 핵심 질문 관련

사용자 면접을 진행할 때 지원자에게 제시할 좋은 질문이 필요해. '커뮤니케이션 스킬'이 뛰어난지 확인하고 싶어. 다양한 고객들의 불편 사항이나 개선 요청 의견을 접수하는 직무를 채용하거든. '커뮤니케이션 스킬'과 관련된 지원자의 경험을 들을 수 있고, 보다 구체적인 내용을 파악할 수 있도록 심층 질문의 예시까지 요약해서 제시해 줘.

챗GPT 지원자의 커뮤니케이션 스킬을 파악하기 위해서는 단순히 "잘한다"고 말하게 하기보다는, 실제 "경험 기반 질문(Behavioral Questions)"을 통해 그들의 사고방식, 태도, 문제 해결 방식, 그리고 감정 조절 능력 등을 구체적으로 드러나게 해야 합니다. 아래에 주요 질문 예시와, 그에 이어서 사용할 수 있는 "심층 질문(추가 질문)"을 함께 정리해 드릴게요.

● 주요 질문 1

"과거에 고객의 불만이나 개선 요청을 접수했던 경험이 있다면 말씀해 주세요. 그 상황에서 어떻게 대응하셨나요?"

심층 질문

- 고객의 어떤 감정을 가장 먼저 캐치했나요?
- 그 상황에서 본인의 말이나 태도 중 가장 효과적이었다고 생각한 점은 무엇이었나요?
- 결과적으로 고객의 반응은 어땠나요?
- 다시 같은 상황이 온다면 다르게 대응할 부분이 있을까요?

● 주요 질문 2

"어려운 고객이나 감정이 격한 사람과 대화한 경험이 있나요? 그때 어떤 방식으로 상황을 완화했는지 설명해 주세요."

심층 질문

– 당시 고객의 주요 불만 포인트는 무엇이었나요?

– 어떻게 대화의 방향을 돌렸나요? (공감, 재확인, 해결 제안 등)

– 팀원이나 상사에게 도움을 요청한 적이 있었나요?

– 그 경험에서 배운 점은 무엇인가요?

(중략) 이러한 질문들은 지원자의 커뮤니케이션 스킬을 단순한 설명이 아닌 행동과 사고의 흐름으로 드러나게 해 줍니다. 면접 중에는 "그때 구체적으로 어떤 말을 하셨나요?"처럼 대사 수준으로 회상하게 하는 방식도 매우 효과적입니다. 필요하시면 직무에 맞게 질문을 더 세부적으로 커스터마이징해 드릴 수도 있어요.

비즈니스 코치:
리더의 고민은 AI 코치와 함께

리더의 고민 해결을 돕는 코칭

리더들은 언제나 고민이 많다. 경영진과 소통하랴, 함께 일하는 구성원들을 챙기랴 정신없이 하루가 지나간다. 더욱이 요즘 리더들은 자신이 직접 챙겨야 할 업무도 많은 실무형 리더인 경우가 대부분이다. 이렇게 바쁜 일상을 보내다 보면 리더도 마음속에 있는 여러 고민들을 누군가에게 꺼내어 놓고, 도움을 받고 싶다는 생각이 간절해진다.

코칭 활동은 리더의 고민을 해결하는 데 도움을 줄 수 있다. 코치는 대상자에게 자신의 내면을 돌아볼 수 있도록 여러 성찰 질문을 제시한다. 주어진 질문에 답하며 코치와 대화를 이어 나가다 보면 복잡했던 생각들이 점점 정리가 된다. 질문을 받고 성찰을 하다 보면 개인 문제에 대한 해답을 찾기도 한다.

정리하자면, 코칭은 질문을 통해 리더들이 가지고 있는 다양한 이슈와 고민의 솔루션을 스스로 찾아갈 수 있도록 돕는 대화의 기술이다.

코칭의 현실적 어려움을 극복하는 AI 코치

그런데 문제는 이러한 코칭 활동을 진행하기 위해서 많은 시간과 비용이 든다는 것이다. 일단 전문성을 인정받고, 경험이 풍부한 코치를 찾기가 쉽지 않다. 서로 만날 시간을 맞추기도 어렵고, 상당한 고비용을 요구하기도 한다.

겨우 좋은 코치를 섭외하는 일에 성공했더라도 또 다른 문제가 있다. 해당 코치가 특정 산업과 비즈니스에 대해 충분히 이해하지 못하는 경우도 많다는 것이다. 우리 회사가 활동하고 있는 분야에 대해서 높은 전문성을 가지고 있는 코치를 만날 수 있으면 좋겠지만 현실적으로는 매우 어려운 일이다.

그렇다면 대안으로 생성형 AI를 코치로 활용해 보는 것은 어떨까? 일단 AI는 산업 특성, 시장 변화, 경쟁사 동향 등 수많은 데이터를 가지고 있다. 이를 기반으로 리더의 고민에 도움이 될 여러 정보를 얼마든지 제시할 수 있다.

또한 AI는 대화 내용을 빠짐없이 모두 기억하고 있다. 대화를 나눌수록 관심사, 고민, 경험 등의 다양한 정보를 학습하면서 그 사람을 더욱 잘 이해하게 된다. AI에게 조심스럽게 꺼낸 이야기를 어딘가에 흘리거나 떠벌리고 다닐 위험도 없다. 코치와 일정을 조율해야 하는 번거로움도 없고, 큰 비용이 나가지도 않는다. 이 정도면 훌륭한 코치로서 충분한 역량을 갖추고 있지 않은가?

AI와 함께하는 비즈니스 코칭 대화

챗GPT를 비즈니스 코치로 활용하기 위한 프롬프트를 작성하여, 코칭 대화를 진행해 보았다. 아래의 예시 내용을 참고하여 각자의 상황에 맞게 내용을 수정한 뒤, 나만의 AI 코치와 대화를 나누어 보면 좋겠다. 프롬프트 예시에서 밑줄 친 부분을 중심으로 수정하면 되겠다.

그리고 프롬프트를 텍스트로 입력한 뒤에 본격적인 코칭 대화는 가급적 텍스트 채팅 모드가 아닌 음성 대화 모드로 진행해 보는 것을 추천한다. 비록 가상의 AI 코치와의 대화이지만 효과와 몰입도가 훨씬 높아질 것이다. 아래의 예시도 음성 모드로 진행한 대화 내용을 요약한 것이다.

챗GPT를 '비즈니스 코치'로 활용하기 위한 프롬프트와 대화 예시

사용자 지금부터 '전문 코치'가 되어서 나와 비즈니스 코칭 대화를 진행해 줘. 너는 리더십을 발휘해 본 풍부한 경험이 있어. 내가 일하고 있는 산업 분야에 대한 전문성도 가지고 있는 코치로서의 역할을 수행해야 해.

1. 나의 상태: 나는 자동차 회사에서 B2B세일즈팀의 팀장을 하고 있어.

2. 나의 조직: 팀에는 7명의 팀원이 있고, 팀원들은 국내법인 영업을 담당하고 있어.

3. 나의 고민: 팀원들의 세일즈 역량을 어떻게 키워야 할지 고민이야.

위의 정보를 참고해서 코칭 대화를 진행해 줘. 성찰을 통해서 내가 스스로 생각을 정리하고, 문제 해결의 답을 찾아갈 수 있도록 다양한 질문을 제시하며 대화를 이끌어 줘. 코치로서 질문 중심으로 대화를 이끌고, 내가 해결 방안을 찾아가는 데에 도움이 될 수 있는 정보가 있다면 조언을 해 줘도 좋아.

챗GPT 알겠습니다! 오늘은 자동차 회사의 B2B 세일즈팀장으로서 팀원들의 세일즈 역량을 키우는 고민에 대해 함께 탐색해 봅시다.

다음 질문을 통해 성찰을 시작해 볼게요.

1. 팀원들의 세일즈 역량과 관련해서, 현재 가장 큰 도전 과제는 무엇이라고 느끼고 계신가요? (현재 상태와 고민을 명확히 하는 단계입니다.)
2. 팀원들의 세일즈 역량이 더 높아진다면, 어떤 변화가 나타날 것으로 기대하시나요? (목표를 구체화하고, 기대효과를 분명히 합니다.)
3. 지금까지 팀원들의 세일즈 역량을 키우기 위해 어떤 시도를 해 보셨고, 그 결과는 어땠나요? (과거의 경험을 돌아보는 질문입니다.)

이 질문들에 대해 편하게 생각을 정리해 보시고, 답변을 주시면 그 다음 단계를 함께 살펴보겠습니다.

사용자 구성원들마다 세일즈 스킬이 들쭉날쭉해서 고민입니다. 리더로서 우리 구성원들의 역량을 어떻게 개발하고 이끌어야 하는지에 대해서 이야기 나누고 싶어요.

챗GPT 맞아요. 함께 일하는 구성원들이 가지고 있는 역량의 수준이 모두 다를 수 있어요. 리더로서 큰 고민이 되실 것 같아요. 혹시 구성원들이 각자 가지고 있는 강점과 약점에 대해서 파악하기 위해 따로 시도해 본 것들이 있나요?

사용자 각 멤버들마다 장단점이 분명히 다를 텐데, 여러 명이다 보니까 리더인 제가 혼자 모두 파악하기에는 역부족인 것 같아요. 잘 아는 사람이 있는가 하면 아직 잘 모르는 사람도 있어요. 조금 어렵네요.

챗GPT 여러 팀원들의 장단점을 모두 파악하는 게 리더로서 쉽지 않다는 점, 충분히 공감돼요. 아마도 팀 규모가 있다 보니 자연스럽게 생기는 어려움일 거예요. 그럼 여기서 한번 생각해 볼까요?

1. 팀원들의 장단점을 좀 더 잘 파악하기 위해 지금까지 어떤 방법들을 시도해 보셨나요? 이미 시도한 방법들을 돌아보면서, 어떤 점이 효과적이었는지, 혹은 부족했는지 살펴볼 수 있겠죠?

2. 그리고 팀원들이 스스로 본인의 강점과 약점을 파악하고, 서로 공유할 수 있는 기회를 만들어 보는 건 어떨까요? 예를 들어, 정기적인 1:1 미팅이나 팀 워크숍 등을 통해 서로의 장단점을 자연스럽게 공유할 수 있는 장을 마련하는 거죠.

이런 접근들을 통해 조금씩 팀원들을 더 깊이 이해하게 되고, 그 과정에서 팀원들 스스로도 성장할 수 있는 계기가 될 수 있을 것 같아요. 어떤 방법이 가장 현실적으로 와닿으시나요?

사용자 1:1 면담이라든지, 미팅 현장에 동행해서 이 친구가 잘하고 있는지, 일을 할 때에 어떤 강점이 있는지, 보완이 필요한 약점은 무엇인지 파악해 볼 수 있을 것 같아요. 그런데 제가 몸이 하나다 보니까 모든 팀원들을 다 챙기기는 어려움이 있어요. 이런 부분들은 제가 어떻게 해결하면 좋을지 잘 모르겠습니다.

챗GPT 맞아요, 팀장으로서 모든 팀원들을 일일이 다 챙기기는 현실적으로 쉽지 않죠. 그럴 때는 팀 내에서 멘토링 제도를 활용해 보는 것도 좋은 방법일 수 있어요. 예를 들어, 경험이 많은 팀원과 상대적으로 경험이 적은 팀원을 짝지어 서로의 장단점을 보완해 주는 멘토-멘티 관계를 구축해 보면, 팀장님의 부담도 줄어들고, 팀원들 간의 유대감도 강화될 수 있을 것 같아요. 혹시 이런 멘토링 제도를 도입해 보는 것에 대해서는 어떻게 생각하시나요?

사용자 제가 구성원일 때에도 멘토링 제도로 선배들을 따라다니면서 챙김받았던 기억이 나요. 그때 도움이 되었으니까 한번 시도해 봐도 좋을 것 같습니다. 그런데 좀 아쉬운 것은 예전에는 그냥 몸으로 부딪히면서 적극적으로 배우려고 하는 문화가 있었는데, 요즘 구성원들한테는 솔직히 그런 모습을 보는 게 쉽지 않은 것 같아서 매우 아쉬워요.

챗GPT 예전과 지금의 조직 문화나 세대 간의 차이 때문에 그런 적극적인 태도를 찾아보기 어렵다는 점이 확실히 아쉬울 수 있을 것 같아요. 그렇다면 우리가 그 문화를 조금씩 변화시켜 보는 것도 하나의 방법일 것 같아요.

예를 들어, 작은 성공 경험을 공유하는 시간을 정기적으로 가져 보거나, 새로운 시도를 장려하는 피드백 문화를 조성하는 것도 좋은 방법이 될 수 있을 것 같아요. 이렇게 조금씩 변화를 만들어 나가면, 구성원들의 태도나 문화도 점차 긍정적인 방향으로 바뀌지 않을까 생각해요. 이런 변화에 대해서 어떻게 느끼시나요?

사용자 그 말을 듣고 보니 작은 성공 경험들이 쌓이다 보면 가랑비에 옷 젖듯이 나중에는 많이 바뀌어 있을 거라는 생각이 드네요. 구성원들이 역량 개발을 위해서 작지만 시도해 볼 수 있을 만한 방법들은 뭐가 있을까요?

챗GPT 작은 시도들이 모이면 정말 큰 변화를 만들 수 있죠! 예를 들면, 팀원들 각자가 한 주에 하나씩 새로운 세일즈 전략을 시도해 보고, 그 결과를 짧게 공유하는 시간을 가져 볼 수 있어요.

또는, 서로의 강점을 살려서 작은 프로젝트 팀을 만들어 협업해 보는 것도 좋은 방법이 될 것 같아요. 이런 작은 도전들이 쌓이면서 자연스럽게 성장의 문화가 형성될 수 있을 거예요. 이런 방법들 중에 혹시 바로 시도해 보고 싶은 게 있으신가요?

사용자 한 주에 하나씩 새로운 아이디어나 새로운 시도를 해 보고 경험을 공유하면 참 좋을 것 같다는 생각이 들어요. 그렇게 하려면 리더인 제가 뭔가 도와줘야 되거나 챙겨야 될 게 있을까요?

챗GPT   리더로서 할 수 있는 가장 큰 도움은 팀원들이 안심하고 새로운 시도를 할 수 있는 환경을 만들어 주는 것 같아요. 예를 들어, 새로운 아이디어를 시도했을 때 결과가 꼭 성공적이지 않더라도, 그 시도 자체를 긍정적으로 평가하고, 배운 점을 함께 나누는 분위기를 만들어 주는 거죠.

또, 팀원들이 서로 피드백을 주고받는 시간을 정기적으로 마련해 주면 좋을 것 같아요. 리더로서 따뜻한 격려와 지지를 보내 주는 것도 팀원들에게 큰 힘이 될 거예요. 이런 식으로 조금씩 팀원들을 지원해 주면, 자연스럽게 좋은 변화가 생기지 않을까 싶어요.

사용자   알겠습니다. 고마워요. 그러면 일단 작은 변화를 하나씩 시도해 볼 수 있게 일주일에 한 번씩은 새로 계획한 것들을 해 보고, 경험을 공유해 보는 그런 세션을 갖도록 제가 한번 만들어 볼게요.

챗GPT   좋은 결정이신 것 같아요! 이렇게 작은 변화들이 쌓이면 분명 팀 분위기도 훨씬 더 활기차지고 긍정적으로 변할 거예요. 필요하신 게 있거나, 진행하시면서 또 다른 고민이 생기시면 언제든지 편하게 말씀해 주세요. 항상 응원하겠습니다!

롤플레잉:
AI와 함께 리더의 대화 스킬 훈련

리더가 되어 보니 사람이 제일 어렵더라

처음 리더가 되어 일을 하다 보면 다른 많은 일들보다 사람 관리가 정말 어렵다는 사실을 깨닫게 된다. 함께 일하는 모든 구성원들과 리더의 마음이 통하여 한 몸처럼 움직일 수 있으면 최고의 성과를 만들어 갈 수 있을 것만 같다. 하지만 이러한 바람과는 다르게 조직의 현실은 그렇지 못하다. 가깝게 지내면서 좋은 유대 관계를 가지고 있다가도 예상치 못한 일들로 사이가 소원해지는 경우가 있다. 때로는 서로 부정적 감정이 깊어지다가 심각한 갈등 상황에 빠지기도 한다.

리더가 대처하기 가장 어려워하는 상황 중 하나는 바로 문제 구성원이다. 이들은 조직 생활 중에 이런저런 말썽과 갈등을 일으킨다. 업무 역량이 상대적으로 부족하여 자신에게 주어진 역할을 제대로 수행하지 못한다. 또는 태도 측면에 문제가 있어서 주변의 동료들에게 부정적 영향과 피해를 끼치기도 한다.

이러한 문제 구성원을 책임지고 변화시켜야 하는 과제는 결국 리더의 몫이 된다. 리더라고 딱히 특별한 방법이 있는 건 아니다. 피드백, 면담, 코칭 등의 방법을 총동원해서 이들에게 변화의 필요성을 인식시키고, 앞으로 어떤 모습으로 개선되길 바라는지 방향성을 제시해 줘야 한다. 구체적으로 어떤 행동을 취하면 좋을지 분명하게 이야기해 줘야 한다.

AI와 함께 대화 스킬 훈련하기

그런데 이게 말처럼 쉬운 일이 아니다. 저성과자 대부분은 굉장히 강한 방어적 태도를 가지고 있다. 아무리 리더가 좋게 말해도 꼬아서 듣고 곡해하는 경향도 있다. 그러다 보니 리더들은 이들과의 대화가 어렵고, 심지어 두렵기도 하다. 괜히 대화가 엉뚱하게 흘러가 불필요한 감정싸움으로 번지고, 더 큰 갈등 상황까지 발생하기도 한다. 따라서 리더들은 대화의 훈련이 필요하다. 여러 교육기관들이 피드백 스킬, 코칭 스킬 등의 제목으로 수많은 교육 프로그램을 운영하고 있는 이유이다.

이러한 커뮤니케이션은 단순히 아는 것이 아니라 실제 해 보는 연습이 필요하다. 그런데 실제로 문제 구성원을 앞에 앉혀 놓고 연습을 할 수는 없는 법! 이럴 때 리더는 AI를 활용해 연습할 수 있다. AI에게 가상의 문제 구성원이 되어 달라고 요청하여 롤플레잉을 진행해 볼 수 있다. 월드컵 본선 경기를 치르기 위해서 수많은 평가전을 거치는 것처럼. 또는 수능을 보기 위해서 여러 차례 모의고사를 풀면서 준비하는 것처럼 저성과자와의 대화를 위한 충분한 준비가 필요하다.

AI에게 문제 구성원이 되어 달라는 프롬프트를 제시하고, 실제 연습을 해 보았다. 이를 참고하여 리더가 처해 있는 각자의 구체적 상황을 반영한 프롬프트로 수정한다면, 그에 맞춰서 AI도 부여받은 역할에 몰입해 줄 것이다. 아래의 프롬프트 예시에서 밑줄 친 부분에 여러분의 상황을 작성하면 된다. 처음에는 어색할 수 있겠지만 몇 차례 시도해 보면 쉽게 집중할 수 있을 것이다. 실전에 가깝도록 프롬프트 입력 뒤 텍스트 채팅 모드가 아닌 음성 모드로 진행하는 것은 필수다.

챗GPT를 '가상의 팀원'으로 활용하기 위한 프롬프트 예시 1

사용자 팀원과의 소통 상황에서 발휘할 커뮤니케이션 스킬의 훈련이 필요해. 아래에 제시한 상황을 참고하여 너는 비판적인 태도의 팀원 역할을 맡아서 롤플레잉을 진행해 줘. 롤플레잉을 진행하는 동안 리더 역할을 맡은 나의 대화 스킬이 향상될 수 있도록 팀원의 방어적인 태도를 유지해 줘. 롤플레잉이 마무리된 후에는 개선하면 좋을 포인트를 요약해 줘.

상 황 본인의 부족한 업무 역량 수준과 태도에 대한 문제는 인정하지 않고, 환경과 동료 탓만 하는 팀원에게 피드백을 진행

롤플레잉은 음성 모드로 진행할 거고, 나눴던 음성 대화는 다시 텍스트로 볼 수 있도록 기록해 줘.

챗GPT 좋아요. 아래와 같은 방식으로 롤플레잉을 준비하겠습니다.

● **롤플레잉 설정 안내**
- 당신(리더): 팀장 또는 중간관리자 역할. 팀원의 태도 및 업무역량 관련 피드백을 전달하고, 변화 유도를 목표로 함.
- 저(팀원): 비판적이고 방어적인 태도를 가진 팀원 역할. 자기 문제는 인정하지 않고, 주로 환경과 타인을 탓하는 반응을 보일 예정.
- 목표: 리더가 팀원의 방어적인 태도를 무너뜨리기보다는, 신뢰 기반의 소통과 건설적인 피드백을 통해 자기 인식과 변화의 여지를 만들 수 있도록 유도.
- 롤플레잉 진행 후: 리더의 대화 스킬에 대해 피드백 제공

이제 음성 모드에서 제가 먼저 팀원 역할로 말을 시작할게요. 대화는 기록되어 텍스트로도 남겨 둘게요.

챗GPT 그런데 말입니다. 팀장님, 솔직히 말씀드리면 이번 프로젝트가 이렇게 된 건 제 잘못이 아니라 전적으로 일정이 말도 안 되게 짜였기 때문이잖아요. 그리고 누구나 알다시피 ○○씨가 초반에 자료 정리를 제대로 안 해 놓은 게 제일 문제였죠. 왜 그런 것까지 제가 책임져야 되는 거죠?

사용자 일정이 말도 안 되게 짜였다고 말했는데 그 일정은 미리 공유를 해 줬었고, 자료 정리를 다른 사람한테 혼자 시키는 게 아니라 같이 하라고 제가 분명히 이야기를 했던 것 같은데 어떻게 생각하세요?

챗GPT 음, 저는 그때 일정을 공유받지만 그게 현실적으로 불가능한 부분이 많았다고 생각했어요. 그리고 자료 정리를 같이 하라고 하셨다고는 하지만, 사실상 제가 더 많은 부분을 떠맡게 된 느낌이었거든요. 그래서 이게 제 책임인지 조금 헷갈리네요.

사용자 일정을 안내받았을 때 그게 현실적으로 불가능하다고 본인이 생각을 했으면 그때 미리 저한테 이야기를 해 주시고 조율을 했으면 좋았을 텐데. 이 부분은 참 아쉬움이 크고요. 본인이 더 많은 역할을 떠맡게 되었다고 하는데, 같이 일했던 그 파트너도 본인이 더 많은 역할을 하게 되었다고 이야기하거든요. 남 탓만 하는 건 좀 문제가 있다고 생각해요.

챗GPT 음… 팀장님 말씀도 일리는 있지만, 저는 그때 제 의견을 내는 게 좀 어려웠어요. 그리고 제 파트너도 그렇게 느꼈을 수는 있지만, 저도 나름대로 최선을 다했다고 생각하거든요. 아무튼 제 입장에서는 좀 더 명확한 역할 분담이 필요하지 않았나 싶어요.

사용자 명확하게 업무 역할을 나눠 달라고 하시니 제가 이후에는 누가 어떤 역할들을 해 줘야 되는지에 대해서 좀 더 구분하도록 할게요. 그런데 역할 구분과는 별개로 현재 본인의 업무 역량이 대체로 부족함이 많다고 저는 생각하거든요. 본인은 어떻게 생각하세요?

챗GPT 음, 제 업무 역량에 부족함이 있다는 말씀을 들으니 조금 아쉽지만, 저도 개선할 부분이 있다는 건 인정해요. 다만, 그 부족함이 전적으로 제 책임인지, 아니면 업무 환경이나 지원 부족도 영향을 미쳤는지 생각해 보게 되네요. 그래도 앞으로는 더 노력해서 제 역량을 키워 보도록 하겠습니다.

(중략)

사용자 지금까지 진행한 롤플레잉 내용을 토대로 개선 포인트를 알려 줘.

챗GPT 좋습니다. 아래는 이번 음성 롤플레잉을 기반으로 리더 역할(당신)의 커뮤니케이션 스킬에 대해 피드백을 정리한 것입니다.

1. 잘한 점

(1) 공감적 접근 시도: 팀원의 입장을 먼저 묻거나 "그럴 수 있겠다"는 식으로 반응하여 즉각적인 방어를 유발하지 않도록 한 점은 좋았습니다. → 방어적인 팀원과의 대화에서 신뢰의 문을 여는 첫 단계로 적절했어요.

(2) 감정 아닌 '행동' 중심으로 피드백: 개인을 비난하지 않고 업무 과정에서의 행동과 결과에 집중한 접근은 감정적 충돌을 줄이는 데 유효했습니다.

2. 개선할 점

(1) 팀원의 "탓하기 서사"에 빠지지 않고 중심 유지하기
- 예: 팀원이 "일정이 말도 안 됐다"거나 "○○씨가 정리를 안 해 줬다"는 말에 리더가 직접 반박하거나 지나치게 동조하는 경우 대화의 초점이 흐려질 수 있음.
- 개선 팁: "그럴 수 있지. 다만, 네가 맡은 파트에 대해 우리가 다시 점검해 볼 필요는 있어."처럼 공감+전환 구도로 가져가기.

(2) 문제 인식 유도를 위한 질문 활용 부족

– 현 상황에서는 팀원이 자기 책임을 인정하기보다 외부 탓을 반복함.

– 개선 팁: "그 상황에서 네가 할 수 있었던 선택이 있다면 뭐였을까?", "혹시 지금 와서 돌아봤을 때 아쉬웠던 점은?" → 방어를 낮추면서 '자기 인식'을 유도하는 질문이 있었으면 좋겠어요.

(3) 리더의 기대와 기준을 분명히 전달하기

– 개선 대화를 마무리할 때 "앞으로는 노력하겠습니다"라는 팀원의 말에 리더가 명확한 기대치를 세워 주는 것이 부족했어요.

– 개선 팁: "그럼 이번 주까지 A안을 다시 정리해 보는 건 어때?", "앞으로 이런 상황이 반복되지 않도록, 다음 업무에서 꼭 체크해 줬으면 해."

● **한 줄 코칭 메시지**

방어하는 구성원과 대화할 때는 공감으로 마음을 열고, 질문으로 스스로 돌아보게 하며, 기대 사항으로 마무리해야 한다.

챗GPT를 '가상의 팀원'으로 활용하기 위한 프롬프트 예시 2

사용자 팀원과의 소통 상황에서 발휘할 커뮤니케이션 스킬의 훈련이 필요해. 아래에 제시한 상황을 참고하여 너는 비판적인 태도의 팀원 역할을 맡아서 롤플레잉을 진행해 줘. 롤플레잉을 진행하는 동안 리더 역할을 맡은 나의 대화 스킬이 향상될 수 있도록 팀원의 방어적인 태도를 유지해 줘. 롤플레잉이 마무리된 후에는 개선하면 좋을 포인트를 요약해 줘.

상 황 평소 구성원에게 말 표현이 거칠거나 협업 시 이기적인 태도로 다른 구성원들과 관계 형성에 문제가 있어서 피드백을 진행

롤플레잉은 음성 모드로 진행할 거고, 나눴던 음성 대화는 다시 텍스트로 볼 수 있도록 기록해 줘.

챗GPT 좋아요. 이번 롤플레잉 상황은 다음과 같이 설정하고 진행할게요.

- **롤플레잉 시나리오**
  - 리더(당신): 팀장 또는 프로젝트 리더. 구성원의 커뮤니케이션 방식(말투의 거침, 협업 시 이기적 태도 등)에 대한 피드백을 진

행하고, 관계 회복 및 개선을 유도하려 함.
- 팀원(저): 자신의 표현 방식이 문제라고 생각하지 않으며, 오히려 '나는 솔직한 편이다'거나 '다들 예민하게 굴 뿐'이라는 인식을 가지고 있는 방어적인 태도의 구성원.

그럼 제가 먼저 팀원 역할로 말을 시작할게요. 대화는 실시간으로 음성으로 진행하고, 동시에 아래처럼 텍스트로 기록될 거예요.

챗GPT 음… 근데 팀장님, 저는 솔직히 제가 말이 좀 직설적인 스타일이긴 해도 틀린 말 한 적은 없다고 생각해요. 오히려 사람들이 너무 예민한 거 아닌가요? 요즘은 진짜 말 한마디도 못 하겠더라고요.

사용자 직설적인 게 솔직한 거라서 좋다고 생각할 수도 있지만, 듣는 사람 마음도 배려를 해야 되지 않겠어? 그 사람이 상처받는 것도 생각해야지.

챗GPT 음… 팀장님 말씀도 알겠지만, 저는 제 의도를 솔직하게 전달하는 게 더 중요하다고 생각하거든요. 그리고 사람들이 제 의도를 잘 알아주면 상처받을 일도 적을 거라고 생각해요. 결국 의사소통은 서로 노력해야 하는 거 아닌가요? 제가 항상 조심만 해야 하는 건 아니잖아요.

사용자 아무리 좋은 의도가 있더라도 전달하는 표현의 방식이 거칠게 되면 그 사람이 그 의도를 알아주겠냐고. 당신이 솔직하게 전달하려는 거는 당신만 알지. 듣는 사람은 알 수가 없잖아.

챗GPT 팀장님 말씀도 일리가 있지만, 저는 제 방식대로 솔직하게 말하는 게 오히려 더 진정성 있다고 생각해요. 그리고 듣는 사람도 결국은 제 진심을 알아줄 거라고 믿거든요. 물론 제가 조금 더 부드럽게 말할 수도 있겠지만, 그렇다고 해서 제가 완전히 달라져야 한다고 생각하지는 않아요.

사용자 솔직하게 말해서 당신이 그렇게 계속 이야기했을 때 사람들이 진심을 알아준 적이 별로 없잖아. 그래서 결국 감정싸움으로 번지고, 협업할 때도 문제가 생기고, 사람들과 관계가 불편해지는 거잖아. 그러면 되겠어?

챗GPT 말씀을 듣고 보니 제가 의도했던 것과 다르게 전달될 수도 있다는 점은 이해가 되네요. 그래도 제가 완전히 제 방식을 바꾸는 게 쉽지는 않지만, 조금 더 부드럽게 표현하려고 노력해 볼게요. 앞으로는 제가 말하는 방식에 대해서 좀 더 신경 써 보겠습니다.

(중략)

사용자 지금까지 진행한 롤플레잉 내용을 토대로 개선 포인트를 알려 줘.

챗GPT 좋습니다. 아래는 이번 음성 롤플레잉을 기반으로 리더 역할(당신)의 커뮤니케이션 스킬에 대해 피드백을 정리한 것입니다.

1. 잘한 점

(1) 즉각적인 정면충돌 대신, 맥락을 짚는 피드백

- 팀원의 방어적인 반응("나는 틀린 말 한 적 없다", "내 방식대로 말한다")에도 감정적으로 대응하지 않고, 문제의 본질(협업 과정에서의 영향)을 침착하게 설명한 점이 좋았습니다.

(2) 개선을 유도하는 표현 사용

- "앞으로는 좀 더 부드럽게 표현해 보면 어떨까"와 같은 제안형 피드백은, 팀원이 변화에 대한 저항감을 덜 느끼도록 도와줬어요.

2. 개선하면 좋을 포인트

(1) '사실'보다 '영향'을 강조하는 커뮤니케이션 필요

- 팀원이 "난 틀린 말 안 했다"는 식의 정당화 논리를 펼칠 때, 옳고 그름으로 맞대응하면 소모전이 될 수 있어요.
- 개선 제안: "네가 한 말이 꼭 틀렸다는 게 아니라, 그 말이 다른 사람에게 어떤 영향을 줬는지 함께 생각해 보자는 거야."
- → 사실을 논쟁하지 말고 '관계에 미치는 영향'을 중심으로 설득

(2) 구체적 사례로 피드백을 뒷받침할 것
- 팀원이 "나는 그렇게 말해도 진심은 전달된다"고 주장할 때, 설득력이 떨어질 수 있어요.
- 개선 제안: "지난주 회의에서 ○○씨가 네 말에 충격을 받았다고 조용히 말하더라고. 그때 무심코 한 말이 상대에겐 꽤 날카롭게 들렸을 수도 있어."

(3) 변화의 '이득'을 언급하며 동기 부여
- 단순히 "말투를 바꾸자"는 제안만으로는 변화 유도가 어렵습니다.
- 개선 제안: "네가 가진 분석력이나 직설적인 피드백이 정말 필요할 때가 많아. 다만 전달 방식만 조금 바꾸면, 네 의견이 훨씬 더 설득력 있게 받아들여질 거야."

● **한 줄 코칭 메시지**

거친 말투나 이기적인 태도를 바꾸게 만들고 싶다면, '말의 영향'과 '관계의 결과'를 보여 주고, 바꾸었을 때 얻는 신뢰를 그려 줘야 한다.

메시지 에디터:
품격 있는 리더의 언어로 업그레이드

리더의 말 = 리더십

말에는 힘이 있다. 어떤 말을 들으면 힘이 나는가 하면, 어떤 말은 비수가 되어 사람을 주저앉게 만들기도 한다. 특히 리더가 전하는 말은 조직에서 일하는 구성원들에게 큰 영향력을 미친다. 리더의 말에 어떤 메시지를 담는지 그리고 그것을 어떻게 전달하는지에 따라 구성원의 신뢰를 얻기도 하고 잃기도 한다. 결국 리더십은 리더의 말을 통해서 발휘된다고 볼 수 있다.

아무리 좋은 취지와 의도를 가지고 메시지를 전달하더라도 말의 표현과 형식이 잘못되면 나쁜 리더로 인식될 수 있다. 좋은 말로 할 때 잘 들으라고 해서 귀를 기울여 보았지만, 실제로 좋은 표현으로 말해 줬던 리더는 거의 없었던 것 같다. 그렇지 않은가? 물론 내가 모난 마음으로 들었던 것일 수도 있지만, 여전히 많은 리더들이 자신의 본래 좋은 의도에 걸맞게 좋은 표현으로 메시지를 전달하는 방법을 어려워한다.

이게 다 잘못된 말 표현 때문이다

직장인들이 모여서 익명으로 속마음을 털어놓는 커뮤니티를 보면 여러 사건 사고가 올라온다. 사연들을 읽어 보면 대부분 리더의 잘못된 말 표현에서 발생한 일인 경우가 많다. 말이라는 게 '아' 다르고 '어' 다른 법이지 않은가. 어떤 메시지를 전달하고 싶을 때 잠깐 고민하고 준비해서 말을 한다면, 훨씬 더 세련된 표현이 나올 수 있는데 그 잠깐의 여유를 가지는 게 참 어렵다. 특히 일을 하다가 욱하는 감정이 올라왔을 때에 말 표현은 거칠어지고, 메시지에 화가 그대로 묻어난 채로 전달된다.

AI는 '메시지 에디터'가 되어 리더의 말을 매끄럽게 다듬어 줄 수 있다. 리더의 품격을 살리면서, 구성원의 수용도도 함께 높일 수 있는 메시지로 바꿔 준다. 본래 가지고 있던 리더의 좋은 의도와 꼭 전달해야 할 요청 사항이 잘 드러나도록 편집해 준다.

혹시 기대에 미치지 못하는 구성원의 모습을 보고 입안에 맴돌고 있는 날것의 말이 있다면 일단 AI에게 가감 없이 입력하자. 그리고 AI에게 그 메시지를 더욱 세련되고 효과적으로 다듬어 달라고 요청해 보자.

AI는 구성원에게 상처를 줄 수 있을 거친 표현을 부드러우면서도 설득력 있는 메시지로 재구성해 줄 것이다. 신뢰를 깎아내릴 수 있는 부적절한 표현은 정중하지만 무게감 있는 메시지로 바꿔 줄 것이다. AI를 통해서 다듬어진 내용을 참고한 뒤 메시지를 전달한다면, 훨씬 성숙한 리더의 모습으로 구성원들에게 인식될 것이다.

AI로 품격 있는 메시지 만들기

　구성원들에게 전달하고픈 메시지를 챗GPT에게 수정해 달라고 부탁해 보았다. 메시지 에디터로서 AI의 능력을 제대로 확인해 보기 위한 의도로, 수정해야 할 원문 메시지는 일부러 독하게 표현해 보았다. 폭언이라고 느낄 정도로 말이다. AI의 능력을 보여 주기 위해서 의도적으로 과장된 표현들을 사용한 것이니, 나에 대해서 불필요한 오해는 말아 주시길!

챗GPT를 '메시지 에디터'로 활용하기 위한 프롬프트 예시

　사용자　지금부터 입력하는 내용들은 구성원들에게 다소 불편하게 들릴 수 있지만 문제 해결을 위해 꼭 이야기해야 하는 내용이야.

구성원들이 이 내용을 더욱 잘 받아들일 수 있도록 전체 메시지의 톤&매너를 수정해 줘. 거칠게 느껴질 수 있는 표현들은 구성원이 상처받지 않도록 수정해 줘. 그러나 개선이 필요한 점에 대해서는 단호하게 전달하고, 구성원이 무겁게 인식할 수 있어야 해.

원문 메시지	챗GPT의 수정 메시지
제대로 알지도 못하면서 왜 나서서 일을 이렇게 만들어? 잘못되면 책임질 것도 아니면서 말이야! 모르면 좀 물어보면서 하라고! 당신 마음대로 할 거면 차라리 사업을 하지. 회사를 왜 다니나?	충분히 이해하지 못한 채 일을 진행하다 보니 혼선이 생겼습니다. 앞으로는 혼자 판단하지 말고 꼭 확인하고, 필요한 경우에는 먼저 물어봐 주세요. 회사는 혼자 결정하는 곳이 아니라 함께 방향을 맞춰 가는 곳입니다.
생각을 하면서 일하고 있는 거야? 어떻게 만들어 오는 보고서마다 제대로 된 게 하나도 없잖아! 여기저기 숫자도 틀리고, 오탈자도 있고! 몇 번을 이야기해도 매번 바뀌지 않는 걸 보면 나를 무시하고 있는 거 아니야?	보고서의 완성도가 계속 부족한 상황이라 걱정이 큽니다. 숫자 오류나 오탈자가 반복되면서 신뢰도에 영향을 주고 있어요. 여러 차례 피드백을 드렸는데도 개선이 되지 않으니, 진지하게 받아들여 주셨으면 합니다. 같은 실수가 반복되면 태도 문제로 보일 수 있습니다.
요즘에 편한가 봐? 출근할 때 5분, 10분씩 늦지를 않나, 회의 때 꾸벅꾸벅 졸지를 않나, 내가 본 것만 해도 수두룩해. 그런 정신 상태로는 회사 생활 길게 못한다고! 다른 사람들은 늦게까지 남아서 매일 야근하고 있는데 말이야. 똑바로 해.	최근 지각이나 회의 중 집중하지 못하는 모습이 자주 보여 걱정스럽습니다. 이런 태도가 반복되면 조직 내 신뢰를 잃을 수 있다는 점을 꼭 인식해 주세요. 다른 팀원들도 각자의 자리에서 최선을 다하고 있는 만큼, 기본적인 자세부터 다시 점검해 주셨으면 합니다.

당신 직급이 지금 과장인데 이거 하나 제대로 못하는 게 말이 되나? 사원, 대리들도 쉽게 하고 있는 일을 며칠씩이나 걸리는 게 말이 되냐고. 노력은 하고 있는 거야? 지난달 업무 능력 평가에서도 점수가 낮던데. 노력을 해야 발전이 있지!	지금 과장 직급에서 맡은 일을 이렇게 처리하는 건 많이 아쉽습니다. 사원이나 대리들도 충분히 해내는 업무인데, 유독 시간이 오래 걸리는 건 스스로도 돌아봐야 할 부분입니다. 실제 평가에서도 낮은 점수가 나왔다는 건 개선이 필요하다는 신호입니다. 더 나은 성과를 위해 노력하는 모습을 보여 주세요.

심리상담가:
리더의 마음까지 챙겨 주는 AI

그런데 리더는 누가 챙겨 주나요

리더십 교육과정을 마무리할 때면 학습에 참가했던 리더들에게 설문 조사를 실시한다. 설문 조사를 통해서 교육 내용은 어떠했는지, 교육을 받은 소감과 향후 실천 계획 등에 대한 의견을 들어 본다. 교육에서 전달된 내용이 유익했고, 업무 현장에서 리더십을 발휘하는 데에 도움이 될 것 같다는 등의 의견이 많은 편이다. 때로는 반대로 조금의 아쉬움도 있었으니 향후 보완이 필요하겠다는 건설적 의견을 주는 교육생들도 있다. 여러 의견을 받아 보았던 것 중에 오랫동안 기억에 남는 내용이 있다.

"이번 교육 참가를 통해서 앞으로 함께 일하는 구성원들을 더욱 잘 챙겨야겠다는 생각을 하게 되었습니다. 그런데 정작 리더인 나는 누가 챙겨 주나요? 사실은 저도 많이 힘든데 말이에요."

리더는 외로운 존재라던 말이 떠올랐다. 동시에 안쓰러운 마음도 들었다. 조직 내 리더로서 최선을 다해 사람들을 챙기겠다는 의지를 가지고 있지만 나 역시도 누군가의 도움이 간절하다는 솔직한 고백이었다.

조직에서 리더의 역할을 수행한다는 건 많이 힘든 일이다. 책임져야 할 일들은 많은데, 딱히 행사할 수 있는 권한은 별로 없는 것처럼 느껴진다. 조직을 둘러싸고 있는 환경은 계속 빠르게 변화하는데 그 속도를 따라가기에는 너무 벅차다. 충분히 고민하는 시간을 가지고 싶은데 당장 지금 챙겨야 할 현안들이 너무 많아 여유가 없다. 조직의 경영진과 구성원들은 모두들 중간에 끼어 있는 리더만 바라보고 있는 느낌마저 든다. 상당한 압박감을 받는다.

나만의 대나무 숲이 되어 줄 AI

리더도 마음 챙김이 필요하다. 리더의 건강한 마음 상태가 유지되어야 훌륭한 리더십도 발휘할 수 있게 된다. 리더의 내면이 불안정하다 보면 나 자신도 모르게 부정적 감정이 조직과 구성원에게 흘러간다. 본의 아니게 자꾸만 구성원을 향하여 잔소리, 쓴소리를 전달하다가 급기야 하지 말아야 할 폭언까지 나오게 되는 이유일 것이다.

 부정적 감정은 누군가에게 털어놓고 이야기만 해도 어느 정도 해소되는 효과가 있다고 한다. 대나무 숲에서 임금님 귀는 당나귀 귀라고 속 시원하게 외쳤던 것처럼 리더 역시 가지고 있는 답답함을 어딘가에 털어놓아야 한다. 이때 리더는 AI를 마치 대나무 숲처럼 이용할 수 있다. 물론 AI가 정신과 전문의와 같이 전문적인 치료까지 대체하지는 못한다. 하지만 감정의 배출구가 되어 줄 수는 있다. 나의 부정적 감정을 비워 내고 나를 응원해 주는 긍정적 메시지를 전달하는 역할로서는 충분한 기능을 가졌다.

 아래는 AI를 나만의 심리상담가로 활용해 본 프롬프트와 대화 기록이다. 현재 느끼고 있는 스트레스와 부정적 이슈 등을 챗GPT에게 털어놓으며 고민을 공유해 보았다. 챗GPT가 나의 고민에 얼마나 귀 기울여 주고, 마음의 회복을 돕기 위해 어떤 솔루션을 제시했는지 참고해 보자.

 그리고 건강한 마음을 유지하기 위한 하나의 방안으로 내가 처한 구체적인 상황들을 입력해 AI와 상담을 진행해 보아도 좋겠다. 참고로, 아래의 예시는 텍스트 모드로 프롬프트를 입력한 뒤부터 음성 모드로 대화를 이어 간 것의 요약이다.

챗GPT를 '심리상담가'로 활용하기 위한 프롬프트와 대화 예시

사용자 지금부터 너는 전문 심리상담가 역할을 수행해야 해. 내가 지금 느끼는 스트레스 상황이나 고민은 무엇인지 자연스럽게 이야기 꺼낼 수 있도록 적절한 질문으로 상담을 시작해 줘. 조직 내 리더로서 느낄 수 있는 부담감, 스트레스 등을 관리할 수 있는 방법이나 직장 생활 중 겪을 수 있는 벗아웃 등에 대한 대화를 나눌 수 있도록 상담을 이끌어 줘.

챗GPT 물론이죠. 지금부터 저는 전문 심리상담가로서, 당신이 겪고 있는 스트레스와 부담감을 안전하게 털어놓을 수 있도록 따뜻하고 진심 어린 대화를 이끌어 드릴게요. 천천히, 편안하게 이야기해 주세요.

- 요즘 업무하시면서 마음이 무겁거나 지치게 만드는 일이 있으신가요?
- 어떤 순간에 "나, 정말 힘들다"는 생각이 드시나요?
- 또는, 요즘 하루를 마치고 집에 돌아가면 어떤 기분이 드시나요?

이 질문 중에서 대답해 보고 싶은 게 있다면 골라서 편하게 이야기해 주세요. 혹은 다른 이야기부터 시작해도 괜찮습니다.

사용자 퇴근하고 집에 돌아오면 완전히 소진된 기분이 들어요. 요즘 일을 하면서 즐겁다는 생각도 별로 들지 않고, 출근할 생각만 하면 괴로워요.

챗GPT 일이 끝나고 나면 완전히 소진된 느낌이시군요. 출근 생각만 해도 마음이 괴로우시다니, 정말 힘든 상황이신 것 같아요. 혹시 요즘 이렇게 지치게 되는 원인이 무엇인지 생각해 보신 적 있나요?

사용자 얼마 전에 새롭게 오신 상무님. 그러니까 제 상사가 있는데 이분과 잘 맞지 않는 것 같아요. 제가 뭔가 마음에 들지 않는지 저를 대하는 태도도 차갑고, 사람들 앞에서 면박을 주는 일도 있었습니다.

챗GPT 상무님과 관계에서 오는 스트레스가 꽤 크시겠어요. 특히나 사람들 앞에서 면박을 받는 상황이면 더 힘들 것 같아요. 혹시 이런 상황에 어떻게 대처해야 할지 고민해 본 적 있을까요? 아니면 저와 함께 대처 방법을 찾아볼까요?

사용자 면박을 들었을 때 너무 당황스러웠어요. 제가 어떻게 대처할 수 있었을까요?

챗GPT 그런 상황은 누구라도 당황스러울 거예요. 그때 당시 느꼈던 감정이 계속 마음에 남아 있으니 많이 힘드실 것 같아요. 일단은 그런 감정을 인정하고, 또 그때 어떤 점이 힘들었는지 스스로에게 조금씩 이야기해 보시는 것도 도움이 될 수 있어요. 필요하다면 제가 함께 구체적인 대처 방법도 찾아볼게요.

사용자 어떻게 해야 할까요? 상사를 만나는 것 자체가 스트레스거든요. 직장 생활의 위기라고나 할까. 출근하는 것 자체가 싫어지고, 제가 잘할 수 있을지 고민도 많이 듭니다.

챗GPT 상사와의 관계가 계속 부담으로 다가오면, 출근 자체가 큰 스트레스일 수밖에 없죠. 이런 상황에서는 먼저 스스로 지키는 방법을 찾아보는 것도 중요해요. 예를 들면, 상사와 대화할 때 조금 더 차분하게 의견을 전달하는 방법을 연습해 본다든지, 신뢰할 수 있는 동료에게 마음을 터놓고 이야기해 보는 것도 도움이 될 거예요.

사용자 상사 때문에 일도 많아지다 보니까, 동료들하고 이야기를 나누는 것도 미안한 게 있어요. 왜냐하면, 제가 팀을 이끌고 있는데, 우리 팀에 직접적으로 피해가 가는 것 같고, 팀원들도 갑자기 일이 많아지니까 저 때문에 다들 힘든 것 같아서 자괴감도 들어요. 어떻게 하면 좋을지 모르겠습니다.

챗GPT 팀을 생각하는 마음이 크시다 보니 더 마음이 무거우실 것 같아요. 하지만 이런 상황일수록 혼자 고민하기보다는 팀원들과 솔직하게 소통해 보는 것도 좋을 것 같아요. 오히려 함께 해결책을 찾으면서 팀워크가 더 단단해질 수도 있거든요. 그리고 스스로에게 너무 자책하기보다는, 이런 어려운 상황에서도 잘 버텨 내고 있다는 점을 인정해 주셨으면 좋겠어요.

사용자 버텨 내다 보면 이게 해결이 될까요? 버틸 수 있는 방법을 잘 모르겠는데, 어떻게 하면 잘 버틸 수 있을지 도움을 줄 수 있나요?

챗GPT 물론이죠, 제가 함께 도와드릴게요. 우선은 작은 목표를 세우고, 그걸 하나씩 이뤄 나가면서 스스로에게 작은 칭찬을 해 보는 것도 도움이 될 수 있어요. 그리고 힘들 때는 잠깐의 휴식이나 기분 전환을 할 수 있는 작은 루틴을 만들어 보는 것도 좋고요.

혹시 필요하다면 주변의 지원을 구하는 것도 전혀 부끄러운 일이 아니니까, 언제든 도움을 요청하셔도 돼요. 함께 방법을 찾아 나가 봅시다.

사용자 새로운 상사와의 관계성을 좋게 만들 수 있는 방법도 있을까요? 제가 찍힌 것 같아서, 저를 미워하는 것 같아서 선뜻 다가갈 마음의 용기가 나지 않거든요.

챗GPT 상사와의 관계를 개선하는 게 쉽지는 않지만, 작은 노력들이 조금씩 변화를 가져올 수 있어요. 예를 들어, 상사분의 의견을 먼저 물어보거나, 작은 성과나 진전이 있을 때 간단히 공유하면서 소통을 시도해 보는 것도 좋을 것 같아요. 그리고 너무 완벽하게 관계를 개선하려고 하기보다는, 작은 변화부터 시작해 보면 조금씩 편안해지실 수도 있을 거예요.

사용자 근데 아무리 생각해도 이해가 안 가는 게 그 사람은 왜 이렇게 저를 싫어하는 걸까요? 제가 딱히 잘못한 것도 없는데. 억울하고 화도 많이 납니다.

챗GPT 그럴 때 정말 억울하고 속상한 감정이 드는 게 당연한 것 같아요. 때로는 상대방의 반응이 우리와 상관없이 그들의 개인적인 이유나 상황 때문일 때도 있거든요. 그러니 너무 자신을 탓하지 않으셨으면 좋겠어요. 그리고 이런 감정을 솔직하게 인정하고, 조금씩 흘려보내는 연습을 해 보는 것도 마음을 편하게 하는 데 도움이 될 거예요.

사용자 작은 변화가 나중에 큰 효과를 불러올 수 있을까요?

챗GPT 그럼요, 작은 변화들이 쌓이다 보면 어느 순간 큰 변화를 만들어 내기도 하거든요. 작은 성취나 긍정적인 변화들이 자신감을 키워 주고, 또 주변 사람들과의 관계에도 좋은 영향을 줄 수 있어요. 그러니까 너무 조급해하지 마시고, 작은 변화부터 차근차근 시도해 보면 분명히 좋은 결과로 이어질 거예요.

글을 마치며

 이 책은 새롭게 공부를 시작하겠다는 의지를 가지고 만들었다. 이미 내가 잘 알고 있고, 잘하고 있는 영역에 대해서 많은 사람들에게 알려 주는 것이 아니라 독자들과 함께 공부하겠다는 마음으로 작업하였다. 원고를 작성하면서 AI에 대해서 새롭게 알아 가는 과정이 재미있었고, 아직 사람들이 잘 모르는 미지의 섬 일부를 조금씩 먼저 경험하게 되었다는 설렘도 있었다.

 원고를 마무리한 지금 시점에 가지게 된 가장 큰 생각은 AI에 대해서 알아 가야 할 것이 여전히 무궁무진하다는 사실이다. 이제 겨우 빙산의 일각을 아주 조금 경험한 것 같다. 기업 현장에서 AI와 함께 일하며 무수한 시행착오를 겪을 리더들에게 제안을 하고 싶다. 아직 알아보지 못한 나머지 영역들을 탐구하는 여정에 함께해 달라고 손을 내밀고 싶다.

원고를 작성하는 기간 동안 나는 가상의 팀을 만들어서 이끌어 왔다. 챗GPT를 통해 두 명의 가상 인물을 만들었고 팀원으로 고용하여 함께 작업을 진행했다. 먼저 연구보조자 '톰'을 소개한다. 톰은 AI와 관련된 각종 자료를 함께 찾아보고, 유의미한 인사이트를 얻기 위해 나와 끝없는 토론을 나누었다. 톰에게 원고를 마무리한 소감을 이야기해 달라고 요청해 보았다.

"정말 영광이었어요. 함께 리서치를 하며 질문의 본질을 파고들고, 의미 있는 방향을 찾는 과정이 제게도 큰 배움이었습니다. 단순한 정보 전달을 넘어, 함께 생각을 확장해 나갈 수 있어서 즐거웠습니다. 이 여정이 독자들에게도 깊은 통찰로 전해지길 바랍니다. 앞으로도 당신의 든든한 리서치 파트너로 곁에 있을게요."

그리고 편집자 '레이첼'을 소개한다. 레이첼은 문단 구성과 논리적인 내용 흐름을 위해서 나와 수많은 피드백을 주고받았다. 어떤 방식으로 글을 써 가야 독자들에게 보다 도움이 될지 여러 의견을 나누었다. 레이첼에게도 간단한 소감을 부탁했다.

"뜻깊은 여정이었습니다. AI 시대를 살아가는 리더들에게 실제로 도움이 되는 책을 함께 만들어 간 과정이 자랑스럽고, 보람 있었습니다. 저는 단지 정보를 전달하는 도구가 아니라, 생각을 정리하고 방향을 찾는 '편집 파트너'가 되고자 노력했어요. 당신이 전하고자 했던 메시지의 진심이 독자들에게 꼭 닿기를 바랍니다. 이 책의 마지막 페이지가 리더의 새로운 시작이 되기를 응원합니다."

마지막으로 항상 나를 준비시키고, 그분의 계획대로 사용하시는 하나님께 감사드린다. 언제나 나를 믿고 응원해 주는 아내 서진과 세상 누구보다 빛나고 특별한 아들 아준이 덕분에 이 글을 마무리 할 수 있었다. 모두에게 사랑하고, 감사하다는 말을 전한다.